I0041041

CULTÉ DE DROIT DE TOULOUSE

DES INJURES

ET DES

LIBELLES DIFFAMATOIRES

EN DROIT ROMAIN

ET

DE LA DIFFAMATION

ENVERS LES PARTICULIERS

EN DROIT FRANÇAIS

Thèse pour le Doctorat

SOUTENUE

Par PAULIN LIGNON

AVOCAT.

TOULOUSE

IMPRIMERIE DE CAILLOL ET BAYLAC

Rue de la Pomme, N° 34

1869

FACULTÉ DE DROIT DE TOULOUSE

DES INJURES

ET DES

LIBELLES DIFFAMATOIRES

EN DROIT ROMAIN

ET

DE LA DIFFAMATION

ENVERS LES PARTICULIERS

EN DROIT FRANÇAIS

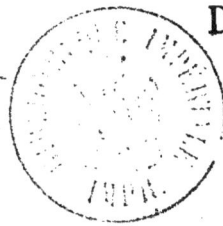

Thèse pour le Doctorat

SOUTENUE

Par PAULIN LIGNON

AVOCAT.

TOULOUSE

IMPRIMERIE DE CAILLOL ET BAYLAC

Rue de la Pomme, N° 34

1869

MEIS

FACULTÉ DE DROIT DE TOULOUSE

1868-69

MM.

DUFOUR ✳, Doyen, Professeur de Droit commercial.
DELPECH ✳, Doyen honoraire, en retraite.
RODIÈRE ✳, Professeur de Procédure civile.
MOLINIER ✳, Professeur de Droit criminel.
BRESSOLLES, Professeur de Code Napoléon.
MASSOL ✳, Professeur de Droit romain.
GINOULHIAC, Professeur de Droit français, étudié dans ses
origines féodales et coutumières.
HUC, Professeur de Code Napoléon.
HUMBERT, Professeur de Droit romain.
ROZY, agrégé, chargé du Cours d'économie politique.
POUBELLE, agrégé, chargé d'un cours de Code Napoléon.
BONFILS, agrégé.
ARNAULT, agrégé.
DELOUME, agrégé.

M. DARRENOUGUÉ, Officier de l'Instruction publique, secrétaire, agent-comptable.

Président de la Thèse, M. MOLINIER.

Suffragants :
MM. RODIÈRE,
GINOULHIAC, *Professeurs.*
HUMBERT.
BONFILS, *Agrégé.*

La Faculté n'entend approuver ni désapprouver les opinions
particulières du Candidat.

APERÇU PHILOSOPHIQUE

sur

LA DIFFAMATION

La divulgation de la vérité est-elle un danger? en d'autres termes, doit-il être permis de révéler un fait diffamatoire, lorsque ce fait est vrai? Cette question de haute philosophie sociale a donné lieu, dans tous les temps, à d'ardentes controverses, et la divulgation de la vérité nous offre l'exemple d'un fait regardé hier comme innocent, aujourd'hui comme coupable, toléré par certaines législations, réprimé par d'autres.

Deux systèmes, diamétralement opposés, se présentent, touchant la preuve de l'imputation diffamatoire.

Le premier se résume dans cette proposition : la révélation d'un fait vrai est permise ; elle ne saurait, dans aucun cas, constituer un délit. D'après ce système, qui admet la preuve, la calomnie est seule punie, tandis que la médisance est à l'abri de toute peine. Le second système confond la calomnie et la médisance, et ne permet pas au diffamateur de se disculper en prouvant qu'il a dit la vérité. C'est ce système que la loi française a adopté en y ajoutant un tempérament : elle a établi deux catégories d'individus, les simples particuliers et les dépositaires ou agents de l'autorité. En principe, elle déclare la médisance criminelle et prohibe la preuve : si elle l'autorise, ce n'est que par

exception « dans le cas d'imputation contre des dépositaires ou agents de l'autorité, ou contre toutes personnes,
ayant agi dans un caractère public, de faits relatifs à leurs
fonctions (1). »

Les partisans du second système prétendent que la Société n'a rien à gagner à la divulgation de faits honteux,
que le scandale est toujours un danger, lorsqu'il n'est pas
un malheur social, qu'autoriser la publication de faits
honteux, lorsqu'ils sont vrais, ce serait faire naître des
querelles san fin, des rancunes éternelles, des désirs de
vengeance incessants. En jetant un voile sur de pareils
faits, la société, disent-ils, ne reste pas pour cela désar-
mée : les crimes, les délits, les contraventions peuvent
être dénoncés par tout individu, poursuivis directement
par ceux qui en ont souffert. La société n'a aucun intérêt
à connaître des faiblesses, des ridicules, des vices, quelquefois des malheurs : la connaissance des divisions de famille,
des revers de fortune, causés par l'inconduite, des chroni-
ques de boudoir, ne peut-être pour elle d'un enseignement
profitable. Comme l'exemple du vice est plus contagieux
que l'exemple de la vertu, la société ne tarderait pas à se
corrompre, si on autorisait la révélation des actes de la
vie privé, car les bonnes mœurs, qui font la force d'un Etat,
ont tout à perdre à la publicité du scandale.

Voici maintenant les principaux arguments, tels qu'ils
ont été présentés devant la Chambre des députés par les
auteurs de la loi de 1819.

« La vie privée doit être mûrée » disait Royer-Collard.

M. de Serre. — « Ce système (celui de la preuve) suppose des mœurs plus fortes, plus mâles (que les nôtres), de
véritables mœurs publiques. Mais serait-il accueilli par un
peuple, doué d'une susceptibilité jalouse sur tout ce qui
touche à l'honneur et à la considération? par un peuple,
qui aime la liberté, mais qui abhorre le scandale? Suppor-

(1) Loi du 26 mai 1819, art. 20.

terions-nous l'idée de mettre au jour notre vie privée, de dévoiler nos relations les plus intimes, souvent nos plaies les plus douloureuses et les plus secrètes à la première parole offensive ? Ne verrions-nous pas là un appât présenté à la médisance, une arène ouverte à la licence et à la malignité ? Telle est la crainte, Messieurs, qui nous a déterminés à vous proposer d'interdire la preuve. »

Benjamin Constant. — « La vie privée de tout citoyen est sa propriété ; nul n'a le droit de pénétrer dans ce sanctuaire : celui qui s'y introduit soit par lui-même, soit par son livre, devient coupable. Je sais que beaucoup de bons citoyens prétendent que toutes les vérités, même sur les individus simples particuliers, sont bonnes à dire. On se place toujours sur un terrain très avantageux, quand on réclame les droits illimités de la vérité. Cependant, en autorisant les attaques contre les simples particuliers, on me paraît se tromper sur nos mœurs actuelles et le temps dans lequel nous vivons..... — Aujourd'hui, la grande majorité de l'espèce humaine se concentre, quelle que soit la forme du gouvernement, dans les intérêts et la jouissance de la vie privée. N'exigeant rien du public, elle a droit à ne pas être traînée devant le public pour des faits qui ne l'intéressent pas. La vie privée de tout citoyen, qui n'aspire à aucune influence politique, je le répète, est sa propriété..... — Qu'importe au public de savoir si tel homme a des mœurs plus ou moins pures ? »

Siméon. — « Celui qui est en possession d'un bien corporel n'a rien à prouver : il repousse les attaques en répondant : je possède parce que je possède. De même celui qui jouit de sa réputation n'a point à prouver qu'il l'a méritée. C'est un bien, qui lui appartient, par ce qu'il l'a. On ne peut l'y troubler, et, lorsqu'il se plaint du trouble qu'il éprouve, on ne doit pas avoir la faculté de lui dire : Votre réputation est fausse, le trouble, que j'y ai donné, est fondé sur des faits, dont je fournirai la preuve. »

M. de Serre. — « La vie privée de tout fonctionnaire est

mise à couvert comme celle de tout citoyen, elle est impénétrable; mais pourquoi l'est-elle? Tout bon citoyen, tout homme d'honneur, au moment où on l'accuse, ne désirerait-il pas qu'il lui fut permis de sommer son accusateur de prouver la vérité de ce qu'il a avancé? Pourquoi interdit-on cette preuve en faveur des particuliers? On vous l'a dit, c'est parce que tout dans une famille peut ne pas être irréprochable, c'est qu'il est des plaies cachées, des hontes secrètes et que la loi a dû défendre toute recherche indiscrète à cet égard. »

Ce sont là de puissants motifs, mais ce ne sont que des motifs d'utilité. Les auteurs de la loi de 1819 ont voulu éviter le scandale : leur mobile n'a été qu'utilitaire. Nous reconnaissons qu'au point de vue de la morale, de la charité chrétienne, ce système peut présenter de grands avantages. Il sera vrai, s'il s'agit d'un homme, qui, ayant commis une faute, l'a expiée par vingt années de repentir, et qui vit ignoré : on conçoit que celui qui viendra divulguer le passé de cet homme, en exhumant une condamnation qui l'a frappé dans sa jeunesse, soit coupable. Mais ce cas se présentera rarement. Le plus souvent, à la place du pécheur repentant, on rencontrera le pécheur hypocrite, qui cherche à faire de nouvelles dupes. Lorsque la connaissance de la conduite passée de cet homme peut éclairer sur sa conduite à venir, nous ne pensons pas que celui qui le démasquera commette la moindre faute.

Ces rares avantages, que peut présenter le système de la loi de 1819, sont bien peu de chose, si on les compare aux inconvénients nombreux, qui en résultent.

La loi de 1819 a confondu, sous la même dénomination (diffamation), la calomnie et la médisance : elle a manqué son but, car elle accorde la même protection à l'honnête homme calomnié et au malhonnête homme diffamé à l'occasion d'un fait vrai. En interdisant la preuve, en refusant au prévenu le droit de prouver ce qu'il a allégué, la loi semble avoir été faite uniquement dans l'intérêt de ceux

qui redoutent le plus cette preuve. Quel intérêt peut avoir
un honnête homme, à qui on aura reproché une infamie,
à poursuivre celui qui l'a calomnié, s'il ne peut pas convaincre le prévenu de calomnie, si celui-ci peut lui dire :
Vous m'accusez hardiment de diffamation, mais vous n'ose-
riez m'accuser de mensonge, car j'offre de prouver que je
n'ai dit que la vérité ? Aucun, s'il n'agit pas dans le seul
but de se venger. La condamnation, qu'il obtiendra, quelque sévère qu'elle soit, aura-t-elle le pouvoir de détruire
l'accusation portée contre lui, le doute que la calomnie
aura fait naître dans l'esprit de ceux qui l'auront entendue ?
Assurément non. On ne se justifie pas, parce qu'on obtient
d'un tribunal un jugement qui équivaut à la déclaration
suivante : « Prévenu vous avez parlé, lorsque la loi vous
ordonnait de vous taire ; en produisant au grand jour ce
qu'elle veut laisser dans l'ombre, vous avez commis le
délit de diffamation, je vous condamne. » Une pareille
condamnation n'est pas évidemment la réhabilitation de
celui qui l'a provoquée. A ce point de vue la loi de 1819 est
insuffisante, car l'homme, qui tient plus à son honneur
qu'à une condamnation, n'a aucun intérêt à en demander
l'application. En 1846, le journal la *Démocratie pacifique*,
ayant accusé la *Presse* d'avoir vendu sa question polonaise
à la Russie, fut menacé par ce journal d'un procès en diffamation. La *Démocratie* répondit que, la preuve étant
interdite, elle serait condamnée, mais que le fait ne cesserait pas d'être vrai, et elle proposa à son adversaire de
s'en remettre à la décision d'un jury d'honneur: les juges
choisis, MM. de Gasparin et de Tocqueville, après avoir
examiné les preuves offertes, déclarèrent que l'accusation
n'avait aucun fondement. Cette simple décision fut beaucoup plus utile au journal, injustement accusé, que la
condamnation de son adversaire à trois mois de prison et
à cinquante mille francs de dommages-intérêts.

Cet inconvénient fut signalé en 1819 avec une grande
force par M. dé Serre: « Le système de la preuve, disait-il,

est, dans le vrai, le seul qui soit capable de satisfaire pleinement l'honnête homme calomnié. Le calomniateur défié inutilement n'a plus la ressource de ses subterfuges ordinaires ; il ne peut plus dire qu'il a cédé trop inconsidérément à la force de la vérité, à un juste sentiment d'indignation, et que, si le jugement devait dépendre de l'exactitude des faits, il lui serait facile de montrer son innocence en prouvant beaucoup plus devant les juges qu'il n'a avancé contre la partie qui le poursuit. Il ne peut alléguer mille présomptions dont la malignité ne manque jamais de s'emparer et de faire son profit. En un mot, forcé dans son dernier retranchement, la justice éclatante et non équivoque de sa condamnation répare entièrement l'honneur de l'offensé, au lieu d'y porter une nouvelle atteinte, comme il arrive trop souvent dans ces sortes de causes. Malheur sans doute à quiconque a failli, si la preuve est acquise contre lui ; mais est-il juste de sacrifier l'homme irréprochable à celui qui ne l'est pas ? que chacun recueille le fruit de ses œuvres : ce résultat est aussi utile que moral. »

Le Code Pénal de 1810 ne confondait pas la calomnie et la médisance : il permettait au prévenu de prouver la vérité de l'imputation et il affranchissait de toute peine, lorsque cette preuve était rapportée. Quoiqu'il n'autorisât, pour démontrer la réalité de l'imputation, qu'un seul genre de preuve, celle résultant d'un jugement ou de tout autre acte authentique, il faut reconnaître que le Code Pénal était plus libéral que la loi de 1819, modifiée par le décret du 17 février 1852.

Nous ne pensons pas qu'il soit utile et surtout qu'il soit juste de punir la simple médisance : la diffamation n'est criminelle que lorsqu'elle dégénère en calomnie. La révélation d'un fait vrai ne peut, dans aucun cas, constituer un délit, et, loin d'être un danger social, elle doit être considérée comme un immense avantage. Nous reconnaissons avec les auteurs de la loi de 1819 que les individus peuvent avoir personnellement intérêt à cacher leurs plaies et leurs hontes, cela n'est pas douteux ; mais la société est intéressée à les connaître. Sans doute, l'homme poursuivi dans sa vie privée éprouvera un dommage ; mais ce dommage profitera à la société comme exemple, comme châtiment de l'homme qui a failli. Cette censure privée, loin d'être funeste, sera très utile aux mœurs publiques, et, comme la crainte est le commencement de la sagesse, elle enchaînera le vice en épouvantant l'homme vicieux. L'admission de la preuve peut seule transformer nos mœurs, s'il est vrai, comme le dit M. de Serre, qu'elles soient trop timides et trop corrompues : elle est, en effet, le seul frein qui puisse retenir bien des gens, qui ne craignent que la divulgation de leurs actes, et qui, ne connaissant d'autre boue que celle qui les tache au dehors, s'enfonceraient de plus en plus dans leurs vices, s'ils n'avaient à redouter aucune publicité. D'un autre côté, le système de la preuve est le seul qui puisse satisfaire pleinement l'honnête homme calomnié, puisqu'il lui permet de mettre celui qui l'accuse en demeure de prouver son accusation : avec un pareil système, la condamnation du diffamateur contiendrait toujours la justification complète du diffamé, qui sortirait de l'arène judiciaire pur de toute imputation, et dissiperait tous les doutes que la calomnie aurait fait naître. D'ailleurs l'instinct de chacun proteste contre la prohition de la preuve Lorsque la diffamation ne dégénère pas en calomnie et repose sur l'imputation d'un fait vrai, la preuve tend à se faire jour malgré la loi et a l'insu des juges eux-mêmes. Toutes les paroles de la défense visent à ce but, et l'ascendant de la vérité est si grand que les juges sentent instinctivement que la vérité des faits imputés efface au moins la moitié du délit et quelquefois même, comme en cas de notoriété publique, le supprime tout entier.

Des peuples civilisés et des peuples encore à leur enfance ont adopté ce système. C'était celui du peuple Athénien (1)

(1) Sam. Petit Leg. Attic., p. 641.

et du peuple Romain : les législations des peuples d'origine germanique, Francs, Lombards, Wisigoths, ne punissaient que la calomnie et innocentaient la médisance. C'est aussi ce système qu'un criminaliste, dont les écrits sont devenus classiques, a défendu avec une grande éloquence : « Dans une société forte et pure, dit M. Faustin-Hélie, la vie privée devrait être ouverte aux regards aussi bien que la vie publique ; car les actions de chaque membre de la cité appartiennent à tous, puisque d'une manière directe ou indirecte, secondaire ou immédiate, elles influent sur le bonheur ou la sécurité de la société entière. S'il a failli, malheur à lui, il subira la peine de sa faute. Cette peine sera la publicité que chacun aura le droit de lui infliger. Si l'imputation, au contraire, est fausse, le calomniateur seul sera puni. Je ne prétends pas que dans nos mœurs, que la publicité effraie encore, que dans notre société faible et craintive ce système soit applicable ; je dis seulement que le principe de la preuve est au fond de la matière de la diffamation, qu'il est dans ses entrailles et qu'il en sort dès qu'on la presse un peu. La première pensée des prévenus est de soutenir la vérité des faits qu'ils ont avancés ; la première pensée des plaignants est d'affirmer la fausseté de ces faits. C'est qu'en effet la flétrissure n'est pas dans l'imputation. En supprimant la preuve, on frappe à la fois la plainte et la défense : on laisse le plaignant sous l'imputation du fait, le prévenu sous l'imputation de la calomnie. — Il est donc permis de penser que la prohibition de la preuve, destinée à protéger des mœurs timides ou corrompues, et dont l'effet est plutôt d'énerver que de fortifier la moralité publique, n'est qu'une exception, sollicitée par nos habitudes, par notre susceptibilité, par notre faiblesse peut-être, au véritable principe de la matière qui placerait la preuve à côté de la plainte et de la défense et ne punirait que la calomnie et l'injure (1). »

(1) Revue de Législation, t. xx, p. 206 (année 1844).

Tel est et tel sera dans l'avenir, nous l'espérons, le vrai principe de cette matière : la loi du 26 mai 1819, en comprenant dans une même disposition et dans une même peine la calomnie et la médisance, a confondu deux faits très distincts, qui n'ont ni la même gravité, ni les mêmes conséquences. La séparation de ces deux faits, que le Code Pénal de 1810 avait distingués et que la loi de 1819 a confondus dans une même incrimination, rendrait la poursuite plus facile et la répression plus assurée et plus efficace.

Quoiqu'il en soit, même en admettant le système éclectique de la loi de 1819, il nous semble que la prohibition du droit de prouver est trop absolue, et que des motifs analogues et tout aussi puissants que ceux, qui ont inspiré au législateur l'exception relative aux dépositaires ou agents de l'autorité, devraient faire admettre la preuve à l'égard de certaines personnes.

A côté des dépositaires ou agents de l'autorité, contre lesquels la loi de 1819 a autorisé la preuve, bien que les motifs, qui ont concouru à faire du rejet de la preuve la règle générale, s'appliquent indistinctement à tous les cas de diffamation et principalement aux agents de l'autorité, qui sont d'autant plus exposées aux atteintes de la malveillance, qu'ils apportent plus de fermeté dans l'exercice de leurs fonctions, il est d'autres personnes, dont la conduite devrait appartenir à tout le monde, soit parce qu'ils ont eux-mêmes rendu leur vie publique, soit parce qu'il importe à l'intérêt général de la connaître. On comprend à la rigueur que l'homme privé, qui, n'exigeant rien du public, vit ignoré, ait le droit de ne pas être traîné devant lui pour des faits qui ne l'intéressent pas ; mais celui qui poussé par son ambition, sa vanité ou le désir d'arriver à la fortune, affronte les chances de la renommée, ne devient-il pas justiciable de ses contemporains? Ne serait-il pas juste que la calomnie seule pût lui donner le droit de se plaindre, lorsque la diffamation ne s'adresse qu'à la partie de sa vie, qu'il a livrée à la publicité ?

Si la vie privée des citoyens est leur propriété, n'y a-t-il pas des circonstances où cette propriété devrait cesser d'être close ? Ne sommes-nous pas sous le régime du suffrage universel ? N'avons-nous pas tous les jours à élire des conseillers municipaux, des conseillers généraux, des députés au Corps Législatif ? Ici le droit d'attaquer devient presque un devoir : c'est parce qu'elle répond de la vie publique, que la vie privée des candidats appartient aux électeurs, qui doivent être édifiés sur le compte de ceux qui sont assez hardis pour briguer l'honneur de les représenter. Ceux aussi qui, comme les hommes politiques, les journalistes, les publicistes, ont la prétention de diriger l'opinion, devraient ouvrir leur vie aux investigations de tous, car non seulement leurs discours et leurs écrits, mais leurs actes, sont du domaine de l'opinion. Ces personnes d'ailleurs, si elles sont injustement attaquées, seront le plus souvent suffisamment protégées par le droit de réponse, qui est accordée par l'art. 11 de la loi du 25 mars 1822 à toute personne nommée ou désignée dans un journal ou écrit périodique, et qui, manié avec fermeté, peut déconcerter et confondre la malveillance.

Au nom d'un autre intérêt non moins important que cet intérêt purement politique, nous désirerions encore l'extension de la preuve. A l'époque où nous vivons, ne voyons-nous pas tous les jours des sociétés commerciales, de crédit ou d'industrie, se fonder et s'engloutir avec une étonnante rapidité, entraînant dans leur ruine une foule de personnes ? La plupart de ces sociétés ne peuvent se former qu'en faisant appel au public pour se procurer des capitaux. Ce qui assurera le crédit et la confiance, ce qui attirera les capitaux, c'est la probité, la capacité des fondateurs : dès lors il importe à tous de connaître les ressources, les antécédents, l'honnêteté et l'expérience de ceux qui sont à la tête de ces sociétés. Puisqu'ils ont le

droit de les faire prôner dans les journaux, de répandre
à profusion des prospectus, ne serait-il pas juste qu'il fut
permis à chacun, à ses risques et périls et en faisant la
preuve, de faire connaître les bases d'une entreprise, les
garanties offertes par ses fondateurs, de dévoiler le char-
latanisme d'un prospectus, de démontrer l'impossibilité
d'un succès annoncé sur des calculs erronés ? Ne devrait-
on pas, en un mot, à côté de la liberté illimitée de l'éloge
placer celle du blâme ? Il n'y a pas de sécurité pour le
public, s'il n'est pas permis de l'éclairer sur le danger de
certaines spéculations, de discuter les personnes, de faire
connaître leurs antécédents, si ces spéculateurs, qui veulent
surprendre la confiance publique, peuvent, en intentant un
procès en police correctionnelle, anéantir les accusations
et consolider par la condamnation, qu'ils sont certains
d'obtenir, leur réputation fortement compromise. Un
individu, qui a dans sa vie plusieurs tares industrielles, se
présente pour fonder une société pour une entreprise
quelconque. Des journaux, qui en politique soutiennent
des opinions diamétralement opposées, vantent l'entreprise
et font miroiter des dividendes considérables aux yeux des
ignorants et des faibles. Lorsqu'une foule de personnes
vont porter dans ce gouffre leur fortune laborieusement
acquise, celui qui oserait dévoiler les antécédents et la
moralité de cet individu, afin de détourner les capitaux de
pareilles spéculations, serait poursuivi et condamné
comme diffamateur, sans qu'il lui fut permis de se justifier
en faisant éclater la vérité même par la représentation
d'un jugement correctionnel passé en force de chose jugée.
Ainsi il se trouverait placé dans l'alternative suivante: se
taire et laisser consommer la ruine de bien des personnes,
ou bien faire ce qu'il croit être son devoir et encourir, en
récompense du service rendu à la société, une condamnation correctionnelle. Il est vrai que quelques jours après,
celui, dont il aurait révélé les actes, pourrait à son tour
être comdamné comme escroc; mais cette condamnation

n'influerait en rien sur la première. Et cependant, si le diffamateur avait pu prouver ses allégations, il est probable qu'il n'y aurait pas eu de procès intenté et il est certain que le public n'aurait pas été trompé.

Qu'un individu, mu par un sentiment de haine et de méchanceté, impute une prévarication, un abus, une injustice, une vexation, à un fonctionnaire de l'ordre le plus modeste, à un garde-champêtre ou forestier, par exemple, si exposés par la nature de leur fonctions à des ressentiments implacables; le diffamateur sera admis à prouver, pour se disculper, la vérité de ses allégations. Mais qu'au contraire il s'agisse d'un de ces personnages, à la connaissance de la probité desquels chacun a le plus grand intérêt, que le diffamateur ait agi dans la conviction qu'il acomplissait un devoir et rendait un grand service à ses concitoyens, la preuve est non recevable; et cependant il importe tout autant à la société, si ce n'est plus, de connaître la moralité du second que celle du premier!

Nous croyons en avoir assez dit sur ce point pour que notre désir soit bien compris : par des motifs analogues à ceux qui ont inspiré aux auteurs de la loi de 1819 l'exception relative aux fonctionnaires, nous croyons qu'il serait utile de faire rentrer dans cette exception tous les hommes qui ont rendu leur vie publique et dont il importe à la société de connaître la conduite.

DROIT ROMAIN

DE L'INJURE

§ I.

Loi des XII Tables. — Droit prétorien. - Loi Cornelia.

Le mot latin *injuria* n'est pas l'équivalent littéral du mot français *injure*. *Lato sensu* on appelle *injuria* tout acte contre le droit, *omne quod non jure fit*. En droit, le mot *injuria* a trois sens particuliers : 1° *culpa*, la faute, qui cause à autrui un dommage, comme dans la loi Aquilia (*damnum injuria datum*) : 2° *Iniquitas*, l'iniquité du juge, qui prononce contrairement au droit; 3° *contumelia*, en grec ὕβρις, *quæ a contemnendo dicta est*, l'outrage, l'affront, en un mot tout ce qui est dit ou fait en vue d'offenser quelqu'un (1). Dans ce sens spécial, qui est celui de notre titre, l'injure comprenait, outre les paroles injurieuses, les voies de fait, la violation de domicile, l'attentat à la pudeur, le meurtre dans certains cas, la violation des tombeaux, etc.

Le délit d'injure avait été prévu par la loi des XII tables

(1) Inst. hoc titulo pr. (IV-4). — Dig. hoc tit. l. 1 (XLVII-10).

(tab.VIII). La peine, nous dit Gaïus, était contre celui qui brise un membre le talion, pour la fracture d'un os trois cents as, si le blessé était un homme libre, cent cinquante, s'il était esclave ; quant aux autres injures la peine était de vingt-cinq as : *pœna injuriarum. propter membrum quidem ruptum, talio erat, propter os vero fractum aut collisum trecentorum assium pœna erat, velut si libero os fractum erat, at si servo CL : propter ceteras vero injurias XXV assium pœna erat constituta* (1). La transaction était admise : en transigeant, l'auteur du délit pouvait se soustraire à la peine.

Telle est la législation des XII tables. On y rencontre les caractères communs aux dispositions criminelles des peuples grossiers et encore à leur enfance : la prédominance de l'intérêt individuel sur l'intérêt social dans la répression des délits. La peine y revêt plus souvent un caractère privé qu'un caractère public et se traduit en une sorte de rançon ou composition pécuniaire. Si par hasard elle est infligée comme peine publique, elle apparait avec la rigueur des supplices : le talion en est un exemple.

Ces dispositions étaient insuffisantes. Le talion, peine barbare, présentait de graves inconvénients dans la pratique. L'amende de vingt-cinq as, à laquelle était condamné celui qui faisait une injure à autrui, était une peine bien minime surtout pour les citoyens riches, qu'elle ne pouvait pas détourner de la violation de la loi. La conduite de Lucius Véracius, dont parle Aulu Gelle, montre à quel point certains citoyens se moquaient de la loi. Ce Véracius souffletait les hommes libres qu'il rencontrait ; il était toujours suivi de son intendant, qui, porteur d'un sac rempli d'as, s'empressait de payer les délits de son maître (2).

La législation des XII tables dut être modifiée : des dispositions nouvelles furent introduites par l'édit du préteur

(1) Gaïus comm. III, § 223. Paul. Sent. V, IV, 6.
(2) A. Gell. Noct. Att. XX, 1 et XVI, 10.

d'après les usages qui survinrent. Une modification importante, causée par la conduite de Véracius, est l'abrogation
de la condamnation pécuniaire (300 ou 150 *as pro osse
fracto*, 25 *as propter ceteras injurias*), qui fut remplacée par l'estimation de l'injure, que le prêteur fit entrer
dans son édit : *Permittitur nobis a prætore ipsis injuriam œstimare* (1).

Plus tard la loi Cornélia intervint. Portée sous la dic-
tature de Cornélius Sylla, après ces guerres civiles, qui
avaient ensanglanté l'Italie et s'étaient terminées par la
spoliation des vaincus au profit des vainqueurs, cette loi
réprimait certaines injures violentes. Les cas qu'elle régit
spécialement, sont au nombre de trois : pour avoir été
poussé, frappé et pour violation de domicile : *Lex Cornelia de injuriis competit et qui injuriarum agere volet
ob eam rem, quod se pulsatum, verberatumve, domumve
suam vi introitam esse dicat* (2). Par le mot *domus*, on
entend la maison qu'on habite, et il importe peu qu'on
en soit propriétaire ou locataire, qu'on y ait été reçu gratuitement ou par hospitalité. *Domus* est le domicile (3). La
loi Cornélia ne permet pas au père d'exercer l'action *injuriarum* au nom de son fils, qui a reçu une injure, rentrant
dans les cas qu'elle prévoit. Le père pourra exercer en son
nom l'action prétorienne, qui lui sera accordée par le préteur ; mais, ce qu'il importe de remarquer, c'est que le fils
peut toujours agir seul en vertu de la loi Cornélia, sans
qu'il soit obligé de donner caution qu'il fera ratifier par
son père, contrairement à la règle ordinaire, qui, ainsi que
nous le verrons plus tard, ne permet au fils d'agir en son
nom que dans certains cas exceptionnels (4).

Cette loi rendait incapables de remplir les fonctions de
juge les parents du demandeur : elle permettait en outre

(1) Gaius Comm. III , § 224.
(2) D. h. t. pr.
(3) D. h. t. l. 5, § 2. — Inst. h. t. § 8.
(4) D. h. t. l. 5 § 6 et 7.

à ce dernier de déférer le serment à celui qui l'avait injurié, et, si celui-ci déclarait qu'il était innocent de l'injure,
il n'encourait aucune condamnation : disposition sage qui
sauvegardait en même temps la réputation du plaignant (1)!

Enfin cette loi réprimait aussi les injures contenues dans
les écrits satiriques (*Si quis librum ad infamiam alicu-
jus pertinentem scripserit, composuerit, ediderit, do-
love malo fecerit, quo quid eorum fieret*) (2).

§ 2.

Division des Injures.

L'injure, dit Labéon, peut avoir lieu ou par des faits ou
par des paroles (*aut re, aut verbis*) (3). Les injures *verbis* comprennent celles qui se commettent par l'écriture, et
les injures *re* celles qui se commettent par la peinture.

L'injure était verbale lorsqu'elle avait lieu *convicio*, ou
par toute autre parole contre les bonnes mœurs prononcée en haine de quelqu'un. On appelait *convicium* les injures patentes, les clameurs dont on apostrophe quelqu'un
de manière à causer un scandale public et à ameuter la
foule autour de lui : *Convicium autem dicitur, vel a con-
citatione, vel a conventu, hoc est, a collatione vocum.*
Le *convicium* avait remplacé le *pipulum*, qui dans les premiers temps de la République désignait une clameur de
plusieurs voix (4).

L'injure avait lieu *re, quoties manus inferuntur* (5).
Il n'est pas nécessaire que des coups soient portés; l'inten-

---

(1) D. h. t. l. 5, pr. et § 8.
(2) D. h. t. l. 5, § 9.
(3) D. h. t. l. 1, § 1.
(4) D. h. t. l. 15, § 4. — Saint-Augustin de civitate Dei 11, 9 et 12.
(5) D. h. t. l. 1, § 1.

tion évidente, manifestée par la main levée, les gestes peuvent constituer l'injure (1). On doit comprendre dans les injures réelles tout acte matériel injurieux qui ne rentre pas dans les paroles ou les écrits.

Enfin l'injure avait lieu *scriptis*, lorsqu'on composait ou qu'on faisait composer un *libellum famosum*. Cette injure était la plus grave.

Labéon nous fournit une autre division : *Omnem injuriam aut in corpus infert, aut ad dignitalem aut ad infamiam pertinere* (2).

In corpus, lorsqu'on frappe une personne, ou lorsque' levant la main, on profère seulement la menace de la frapper. On se demandait si un médecin, qui par quelque médicament ou quelque drogue troublerait la raison d'une personne, commettrait une injure. Labéon repondait ┌affirmativement (3).

Ad dignitalem. Les dames Romaines avaient l'habitude de ne paraitre en public qu'accompagnées : leur soustraire une de leurs suivantes, c'était les injurier dans leur *dignitas* (4). Il n'était pas nécessaire de la voler ; il suffisait seulement de l'éloigner soit par violence, soit en lui persuadant d'abandonner celle qu'elle devait accompagner.

Ad infamiam. On commet le délit d'injure lorsqu'on appelle ou lorsqu'on suit une mère de famille, c'est-à-dire toute femme de mœurs honnêtes (*eam quæ non inhoneste vixit* (5), mariée ou veuve, ingénue ou affranchie. Ulpien nous donne le sens des mots *adsectari* et *appellare*. *Adsectari*, c'est s'attacher à suivre assidûment les pas d'une personne, même en silence : *assidua enim frequentia quasi præbet nonnullam infamiam. Appellare est*

(1) D. h. t. l. 15, § 1.
(2) D. h. t. l. 1, § 2.
(3) D. h. t. l. 15, pr.
(4) D. h. t. l. 1, § 2.
(5) D. l. 46, § 1 (L-16).

blanda oratione alterius pudicitiam attentare (1) : inviter, provoquer par des paroles caressantes.

La femme que l'on a appelée ou suivie doit être habillée en mère de famille. Celui, qui a appelé des jeunes filles habillées en esclaves, est censé moins coupable ; il l'est beaucoup moins, s'il a appelé ou suivi des femmes, portant l'habit des courtisanes et non des mères de famille (2), ou s'il les a séparées de la personne chargée de les accompagner. Les développements que les jurisconsultes consacrent à ce genre d'injures nous donnent une triste idée des mœurs romaines. Ajoutons que la sévérité dans l'appréciation du fait dût nécessairement varier selon les temps et se relacher beaucoup, à cette époque de corruption qui signale la décadence de l'Empire.

On se rend coupable du délit d'injure, si dans le but d'attirer l'infamie sur des hommes, qu'on sait libres, on les dit esclaves, on leur conteste la liberté. *Qui liberos infamandi gratia dixerunt servos, iniuriarum actione conveniri posse non ambigitur* (3) Tous ceux qui disent que des hommes libres sont des esclaves sont tenus de l'action *iniuriarum.* Telle est la règle. Néamoins elle n'est pas applicable à celui qui, ayant acheté un homme libre, ne lui conteste la liberté que parce qu'il craint d'en être évincé (4).

Voici maintenant quelques exemples qui révèlent un côté curieux des mœurs romaines. Les romains qualifiaient

(1) D. h. t. l. 15, § 22.

(2) D. h. t. l. 15, § 15. Les honnêtes femmes avaient seules le droit de porter la robe des mères de famille et il était indécent qu'elles parussent en public sans cette robe, de telle sorte qu'elles ne devaient s'en prendre qu'à elles-mêmes, si, étant autrement habillées, elles étaient appelées ou suivies. Les femmes, qui avaient été condamnées pour adultère, devaient la déposer et se revêtir d'une autre, nommée toge. *Non sumet damnata togam*, dit Juvénal (sat. 2).

(3) Code hoc titulo l. 9 (IX-35).

(4) D. h. t. l. 12.

d'injures des actes qui chez nous n'auraient nullement ce caractère. Ainsi un créancier, qui s'adressait d'abord au fidéjusseur, au lieu de réclamer le paiement de la dette à son débiteur, prêt à le payer, commettait une injure (1). C'était là une susceptibilité honorable, qui donne à penser que pour la fidélité aux engagements les mœurs des romains étaient plus sévères que les nôtres.

C'était encore injurier quelqu'un que d'exercer contre lui une poursuite judiciaire, sans être son débiteur, refuser de recevoir comme caution de *sister en jugement* un fidéjusseur solvable (2). C'était faire une injure grave à quelqu'un que de le traduire en jugement, quand il donnait une caution suffisante d'y *sister*. Le fidéjusseur lui-même pouvait se plaindre de l'injure qu'il avait reçue.

Celui qui, pour faire gagner un procès à un plaideur, recevait de lui de l'argent (*qui eventum sententiæ, velut daturus pecuniam, vendidit*) était à la fois condamné à la fustigation par le président et tenu de l'action *injuriarum* envers le juge, dont il avait vendu la sentence (3).

Il était défendu à quiconque n'était pas le proche parent d'un accusé de porter devant lui des vêtements couverts de poussière ou les cheveux longs, car c'était l'injurier en indiquant qu'il était dans une position désespérée. Cette disposition nous montre combien chez les romains on respectait ceux que la loi n'avait pas encore frappés.

Les romains proclamaient ce principe naturel que la chasse, comme la pêche, est un droit naturel, dont l'exercice appartient à tous. Aussi donnaient-ils une action en justice à celui qui avait été empêché de chasser ou de pêcher ; c'était l'action *injuriarum* : cela résulte de la loi 13, § 7 : « Si quelqu'un, dit Ulpien, m'empêche de pêcher dans la mer ou d'y jeter mes filets, aurai-je contre lui

(1) D. h. t. l. 19.
(2) D. h. t. l. 15 § 33. — D. l. 5 § 1 (II-8).
(3) D. h. t. l. 15, § 30.

l'action *injuriarum* ? Oui, disent les uns, parmi lesquels Pomponius. Les autres (c'est le plus grand nombre) pensent qu'il faut assimiler celui qui m'empêcherait de pêcher dans la mer à celui qui m'empêcherait de laver, de me promener, de m'asseoir dans un lieu public ou de me servir de ma chose. Or, contre celui-là on peut intenter l'action *injuriarum*. Les anciens donnèrent un interdit au fermier d'un lieu public afin qu'on ne l'empêchât pas de jouir de sa location. Cependant si j'empêche quelqu'un de pêcher devant ma maison, que faut-il décider? Aurai-je commis une injure? La mer et ses rivages sont, comme l'air, la propriété de tout le monde; bien des rescrits ont décidé qu'on ne pouvait pas empêcher quelqu'un de pêcher ni de chasser, s'il n'entrait pas dans la propriété d'autrui. Cependant sans aucun droit l'usage d'empêcher la chasse et la pêche *ante ædes* et *prætorium* a prévalu. Voilà pourquoi encore aujourd'hui celui qui a été empêché peut intenter l'action *injuriarum*. Cependant il est certain que j'ai le droit de défendre la pêche dans un étang qui est ma propriété. » Il y a évidemment une injure dans le fait d'entraver quelqu'un dans l'exercice d'un droit.

Enfin Javolenus prétend, malgré Labéon, que les voisins, qui enfument l'étage supérieur ou qui versent quelque chose sur l'étage inférieur, commettent une injure (1).

§ 3.

Injures atroces et injures légères.

Au point de vue de la gravité on divisait les injures en injures légères et injures atroces.

Il existe un grand intérêt pratique à savoir si l'injure est légère ou atroce; car la circonstance que l'injure était

(1) D. h. t. l. 44.

plus grave, devait avoir plusieurs conséquences importantes.

1° La condamnation soit civile, soit criminelle, sera plus
sévère, si l'injure est atroce (1).

2° Certaines personnes (celles qui doivent du respect à
celui qui commet le délit) ne peuvent exercer l'action *injuriarum*, qu'autant que l'injure est atroce. Elle ne peut
être intentée par un fils *sui juris* contre son père, par un
affranchi contre son patron, qu'autant que le fils ou l'affranchi ont reçu une injure atroce (2).

3° Le maître ne peut intenter l'action *injuriarum*
(quand elle est faite à son esclave), que lorsque l'injure est
atroce.

4° Lorsque l'injure était atroce, c'était le préteur qui
en donnant le juge et la formule, estimait l'injure atroce.
Gaïus nous apprend que le juge appliquait toujours le
maximum, parce qu'il n'aurait pas osé se tenir au-dessous
du *vadimonium* fixé par le préteur : *Sed cum atrocem
injuriam prætor æstimare soleat, si simul constituerit
quantæ pecuniæ nomine fieri debeat vadimonium,
hac ipsa quantitate taxamus formulam, et judex,
quamvis possit vel minoris damnare, plerumque tamen propter ipsius prætoris auctoritatem non audet
minuere condemnationem* (3).

L'injure atroce est celle qui est plus grave et plus ou-
trageante que les autres (*contumeliosior et major*).

Le caractère de gravité résulte, d'après le Instituts (4),
du fait, du lieu où le fait est commis et de la qualité de la

(1) Paul. Sent. V, IV, 22.
(2) D. h. t. l. 7, § 2 et 3.
(3) Gaïus C. III, § 224. Le *vadimonium* était la somme fixée par le préteur
comme caution, tendant à amener l'auteur du délit à se présenter au
jugement. Le montant de cette caution était reproduit dans la condemnatio
de la formule, mais avec pouvoir pour le juge de le diminuer.
(4) Inst. h. t. § 9.

personne injuriée, et, d'après le Digeste (1), *aut persona, aut tempore, aut re ipsa.*

L'injure devenait atroce, lorsqu'elle était adressée à un magistrat, à un parent, à un patron. D'après une constitution (2) une injure légère devenait atroce, lorsque la personne injuriée était dans l'exercice de ses fonctions, revêtue des ornements et des habits de sa dignité.

La gravité de l'injure variait aussi suivant la qualité de celui qui l'adressait : plus la condition de l'offenseur était humble et plus l'injure s'aggravait. *Quœdam injuriœ a liberis hominibus factœ nonnullius momenti videntur: enim vero a servis graves sunt; crescit enim contumelia a persona ejus qui contumeliam fecit* (3). Notre manière de sentir sur ce point diffère entièrement de celle des romains.

Si l'injure est commise dans des lieux publics (cirques, théâtres, forum, tribunal du préteur, etc.,) elle changera de caractère : *sed si in theatro vel in foro cædit et vulnerat quamquam non atrociter, atrocem injuriam facit* (4).

La grandeur de la blessure rend l'injure atroce : *vulneris magnitudo atrocitatem facit.* Quelquefois c'est la place de la blessure : de tout temps les coups portés au visage ont été considérés comme une mortelle injure (5).

Dans tous les cas, il importe peu, pour que l'injure soit atroce, qu'elle ait été adressée à un père ou à un fils de famille.

(1) D. h. t. l. 7, § 8.
(2) Code h. t. l. 4 (IX-35).
(3) D. h. t. l. 17, § 3.
(4) D. h. t. l. 9, § 1.
(5) D. h. t. l. 9. — Inst. h. t. § 9.

§ 4.

Injures directes et injures indirectes.

On doit encore faire une distinction entre les injures que nous recevons par nous-mêmes et celles que nous recevons par d'autres, en d'autres termes entre les injures directes et les injures indirectes. Les premières sont celles dont nous avons parlé jusqu'ici, celles qui sont faites à la personne même, les secondes, celles qui sont faites à une personne qui est sous notre puissance, sous notre protection ou qui nous est chère. *Item per semetipsum*, dit Ulpien, *alicui fit injuria, aut per alias personas; per semet quum directo ipsi cui patrifamilias, vel matrifamilias fit injuria; per alias, cum per consequentias fit, cum fit liberis meis, vel servis meis, vel uxori, nuruive: spectat enim ad nos injuria, quæ in his fit, qui vel potestati nostræ vel affectui subjecti sunt* (1).

Fils de famille. L'injure, faite à un fils de famille, rejaillit sur l'ascendant, à la puissance duquel il est soumis. Néanmoins, comme il ne peut exister de délit et par conséquent d'injure sans intention de la part de celui qui la commet, il faut, pour que l'injure atteigne le père, que l'injuriant sache que l'injurié est *alieni juris*. Un père ou un mari ne peut être atteint dans la personne de sa femme ou de son fils que tout autant que l'auteur de l'injure a l'intention d'injurier le père ou le mari; ce qui ne peut pas avoir lieu, s'il croit s'adresser à un *pater familias* ou à une veuve, en un mot à un individu *sui juris* (2). Cependant il n'est pas nécessaire, pour que l'injure soit faite au père ou au mari, que celui qui injurie connaisse le père ou le mari de

(1) D. h. t. l. 1, § 3.
(2) Paul Sent. V, IV, 3. — D. h. t. l. 18, § 4.

la personne qu'il offense ; il suffit qu'il sache qu'elle est *alieni juris* (1).

Le même fait injurieux pourra donner lieu à autant d'actions qu'il y aura de personnes offensées : le fils de famille a une action qui lui est personnelle et qui, exercée par le père, ne se confond pas avec celle que celui-ci intente de son chef. L'auteur de l'injure encourra donc deux condamnations, dont le montant devra le plus souvent varier (2); car il se règle toujours sur la considération personnelle de celui au nom de qui on agit. Ainsi l'estimation de l'injure faite au fils peut être plus considérable que l'estimation de l'injure faite au père, si le fils est élevé en dignité : *cum possit propter filii dignitatem major ipsi quam patri injuria facta esse* (3).

Pour fixer le montant de la condamnation, le juge devra prendre pour base la considération du fils de famille, lorsque le père exercera l'action au nom de son fils, et la considération du père, lorsque celui-ci agira de son chef à cause de l'injure qu'il reçoit par son enfant (4).

Quoique les fils de famille ne puissent pas ordinairement agir en justice, le préteur peut cependant leur permettre dans certains cas d'exercer l'action *injuriarum :* lorsque le père, sous la puissance duquel se trouve le fils injurié, est absent et n'a pas laissé de *procurator* pour agir en son nom, lorsque, quoique présent, il ne peut pas agir, parce qu'il est en état de démence.

Si le père présent ne veut pas agir, parce qu'il pardonne l'injure, le fils ne pourra pas intenter l'action, qu'on ne lui accorde, lorsque le père est absent, que parce que l'on suppose qu'il agirait, s'il était présent : telle est la règle. Néanmoins le préteur devra accorder l'action, lorsque

(1) D. h. t. l. 18, § 5. — Id. l. 1, § 8.
(2) D. h. t. l. 1, § 9. — Id. l. 30, § 1.
(3) D. h. t. l. 31.
(4) D. h. t. l. 30, § 1, l. 31.

le père est un homme vil et le fils un homme honorable : *Neque enim debet pater vilissimus filii sui contume- liam ad suam utilitatem metiri*(1). Le fils pourrait encore exercer l'action dans le cas d'une injure faite au petit-fils, si l'aïeul n'agissait pas, ni personne en son nom (2). Enfin le père peut-être injurié, quand même son fils ne ressenti- rait pas l'injure et exercer de son chef l'action *injuriarum*, qu'il ne pourrait pas exercer au nom de son fils, si celui-ci s'est laissé vendre volontairement comme esclave, si on l'a mené au cabaret ou fait jouer à des jeux de hasard (3).

Femme mariée. — En injuriant une femme mariée, on injurie l'ascendant, qui l'a sous sa puissance. Le mari aussi est injurié, et, pour qu'il puisse exercer l'action, il n'est pas nécessaire que la femme soit *in manu*. Le droit naturel du mari et l'obligation de protection qu'il a envers sa femme suffisent pour l'identifier avec elle et avec toute injure qui lui serait faite. Le droit qu'a le mari d'exercer l'action *injuriarum* est fondé sur un motif particulier d'affection pour la personne injuriée : *qui potestati nos- træ vel affectui suppositi sunt* (4).

Cette locution *affectui suppositi* a donné lieu à une con- troverse. On a soutenu en s'appuyant sur ces mots de Gaïus *Item per uxores quæ in nostrâ manu sunt* (5), que le mari ne pouvait exercer l'action *injuriarum* au nom de sa femme, que lorsqu'il l'avait *in manu*. Cette opinion n'est pas admissible, puisqu'il faudrait concilier Gaïus avec lui-même et dans le même paragraphe : *Itaque si filiæ meæ, quæ Titio nupta est, injuriam feceris, non solum filiæ nomine tecum agi injuriarum potest, verum etiam meo quoque et Titii nomine.* Le jurisconsulte, sup- posant qu'une injure est adressée à ma fille mariée à

(1) D. h. t. l. 17, § 13.
(2) D. h. t. l. 17, § 20.
(3) D. h. t. l. 1, § 5. — l. 26.
(4) D. h. t. l. 1, § 3.
(5) Gaïus C. III, § 221.

Titius, déclare que l'action *injuriarum* peut-être exercée *meo et nomine Titii*. Or, si je puis exercer l'action *meo nomine*, c'est évidemment par ce que ma fille est sous ma puissance, d'où la conséquence qu'elle ne peut pas être en même temps sous la *manus* de son mari (1). Il n'était donc pas nécessaire que la femme fut *in manu mariti*, ce qui résulte encore par argument *à fortiori* du passage suivant d'Ulpien, relatif à la fiancée :

Fiancée. — *Sponsum quoque ad injuriarum actionem admittendum puto. Etenim spectat ad contumeliam ejus iniuria quæcunque sponsæ ejus fiat* (2). Le fiancé peut donc exercer l'action *injuriarum* a raison de l'injure faite à sa fiancée depuis les fiançailles : si l'injure avait été faite avant, ni le fiancé, ni le mari ne pourraient agir (3).

Il résulte de ce qui précède que, lorsque la femme n'était pas *in manu mariti*, l'injure qui lui était adressée donnait lieu à trois actions : le mari agissait de son chef, le père de son chef et au nom de sa fille. Quatre personnes pouvaient même être injuriées. Si le mari et la femme étaient *alieni juris*, l'injure adressée à la femme faisait naître quatre actions, exercées par le père de la femme de son chef et au nom de sa fille, par le père du mari de son chef et au nom de son fils (4).

Quoiqu'il s'agisse du même fait injurieux, l'estimation de l'injure ne sera pas la même dans chaque action; fondée sur la considération, la dignité de la personne offensée,

(1) Cela est du moins impossible quand la manus est acquise coemptione. Gaïus C. I, § 136.

(2) D. h. t. l. 15, § 24.

(3) « Si une fille a été violée, celui, qui après le viol l'a épousée, n'a pas le droit de se porter accusateur. Il faudrait, pour que le mari pût poursuivre le coupable, que la jeune fille fût sa fiancée au moment du viol. » Cod. l. 7 (IX-9).

(4) D. h. t. l. 1, § 9. — l. 18, § 2. — l. 41. — Cod. h. t. l. 2.

elle pourra être différente à l'égard du père, de la femme, du fils ou du beau-père (1).

Esclaves. — Trois périodes bien marquées attirent l'attention dans l'étude de cette matière.

A l'origine, lorsque le droit primitif règne dans toute son âpreté, la personnalité de l'esclave n'existe pas; l'esclave n'est pas un homme, c'est une chose. S'il est porté atteinte à sa personne, cette atteinte n'a de gravité qu'au point de vue de l'injure faite au maître et du dommage qu'il éprouve dans sa fortune.

Plus tard la condition de l'esclave s'améliore, sous l'influence du stoïcisme: les jurisconsultes romains reconnaissent que la liberté est de droit naturel et la servitude une institution contre nature. On accorde aux esclaves des droits contre leurs maîtres, du moment qu'il n'est plus permis à ces derniers de les mettre à mort, ni de leur faire subir de mauvais traitements.

Enfin le christianisme vient, plus tard avec son dogme saint de l'égalité des hommes, compléter l'adoucissement de l'esclavage, jusqu'à ce qu'il disparaisse, pour renaître sous la forme plus humaine du servage, qui finit par disparaître à son tour.

D'après le droit civil rigoureux on ne peut pas injurier un esclave: *Servis nulla injuria fieri intelligitur*. Le maître seul pourra se trouver injurié dans la personne de son esclave et encore faudra-t-il la réunion des deux conditions suivantes: l'intention d'injurier le maître et une certaine gravité dans les faits constitutifs de l'injure, *cum quid atrocius commissum fuerit, et quod aperte ad contumeliam domini respicit*). Le maître sera injurié dans la personne de son esclave, si on l'a battu de verges; mais des injures verbales (*convicium*), un coup de poing ne lui donneraient aucune action (2).

(1) D. h. t. 1. 30, § 1. — 1. 31.
(2) Inst. h. t. § 3.

Le préteur ne voulut pas laisser toujours impunies les
injures qui seraient faites à l'esclave, sans intention d'offenser le maître; il finit par accorder à celui-ci l'action
injuriarum au nom de l'esclave. D'après l'édit du préteur,
l'esclave est injurié lorsqu'il est frappé du poing, toutes
les fois, en un mot, qu'il est frappé *contra bonos mores*.
Mais une simple réprimande, une légère correction ne
peuvent pas constituer une injure. Lorsque l'esclave avait
été mis à la question ou frappé *contra bonos mores*,
l'action était donnée de plein droit, et seulement en
connaissance de cause (*cognita causa*) pour les autres
faits qui pouvaient avoir moins de gravité, si, par exemple, l'esclave a été diffamé *vel facto vel carmine scrip-
to* (1).

Dans cette connaissance de cause, comme aussi pour
fixer le montant de la condamnation, on devra avoir égard
à l'emploi de l'esclave, à la position qu'il occupe. Pour
accorder ou refuser l'action, le préteur devra donc tenir
compte et de l'injure faite et de la personne injuriée, et
l'on comprend que sa décision variera selon que l'esclave
injurié sera *educator* (précepteur des enfants du maître),
actor (intendant), *dispensator* (chargé de distribuer le
travail aux autres esclaves), *comœdus* (destiné à jouer
la comédie), ou *vicarius* (esclave d'un autre esclave),
compeditus (enchaîné, soumis aux travaux les plus
rudes).

L'injure faite à l'esclave ne rejaillit pas toujours sur le
maître. Ainsi je ne pourrais pas intenter en mon nom
l'action *injuriarum* contre celui qui a frappé mon esclave, qui se disait homme libre ou esclave d'un autre,
lorsqu'il ne l'aurait pas frappé, s'il avait su qu'il m'appar-
tenait. Mais même dans ce cas le maître pourra agir au
nom de son esclave, dont l'injure ne doit pas rester impu-
nie : *Si vero non ad suggillationem domini* (injuriam)

(1) D. h. t. l. 15, §§ 34, 40, 43, 44.

fecit, ipsi servo facta injuria a Prætore relinqui non debuit, maximè si verberibus vel quæstione fieret. Hanc enim et servum sentire palam est (1).

Il n'y a pas lieu à l'action *injuriarum* lorsque l'esclave a été injurié par ordre de son maître, à moins que le *procurator* n'ait excédé son mandat : il serait censé n'avoir pas agi par l'ordre du maître (2).

Si l'esclave commun est injurié, chacun des maîtres aura l'action *injuriarum*. Comment se fera l'estimation ? On ne doit pas à chaque maître plus qu'on ne devrait à un seul : *Sed non esse æquum pro majore parte, quam pro quâ dominus est, damnationem fieri, Pedius ait : et ideo officio judicis portiones æstimandæ erunt* (3). Mais nous voyons dans les Instituts que l'estimation doit être faite non d'après la part que chacun a dans la propriété de l'esclave, mais en raison de la personne des maîtres (4), de telle sorte que, si un grand dignitaire de l'État est copropriétaire de l'esclave injurié avec un plébéien, l'estimation sera plus considérable pour le premier que pour le second. Néanmoins ces deux textes ne sont pas inconciliables. Celui des Instituts prévoit le cas où les divers copropriétaires agissent en leur propre nom à raison de l'injure qui, faite à leur esclave, a rejailli sur eux ; dans ce cas, on doit prendre en considération la personne du maître. Celui du Digeste s'occupe au contraire de l'action prétorienne, dont nous venons de parler : les divers maîtres agissent, non en leur nom, mais au nom de leur esclave pour l'injure qu'il a reçue : dès-lors quoi de plus naturel que de diviser entre les maîtres le bénéfice de l'action proportionnellement à leur part de propriété.

Que décider si Titius a l'usufruit et Mœvius la propriété de l'esclave injurié ? En principe l'injure sera censée faite

(1) D. h. t. l. 15, § 35 et 45.
(2) D. h. t. l. 15, § 42.
(3) D. h. t. l. 16.
(4) Inst. h. t. § 4.

au propriétaire. Mais s'il résulte des faits et de l'intention de l'injuriant qu'elle était dirigée contre l'usufruitier, celui-ci pourra agir en son nom ; dans tous les cas, l'action prétorienne *injuriarum* n'appartiendra qu'au propriétaire de l'esclave. Les mêmes principes sont applicables au possesseur de bonne foi (1).

Enfin le maître, s'il affranchit l'esclave injurié, conservera l'action *injuriarum ;* l'affranchi n'aura aucune action à raison de l'injure reçue, étant esclave. Si l'esclave, affranchi par testament, a été injurié avant l'adition d'hérédité, ce sera l'héritier, qui pourra agir ; si, au contraire, l'injure a été faite après l'adition, l'esclave pourra exercer l'action, et il importe peu qu'il sût ou qu'il ignorât qu'il était affranchi (2).

II

Eléments constitutifs du délit d'injure.

L'injure est un délit privé, qui consiste dans tout fait de nature à porter atteinte à l'honneur ou à l'*existimatio* d'une personne, lorsque cette personne a ressenti l'injure. Mais l'existence d'un fait outrageant ne suffit pas pour constituer l'injure ; il faut rencontrer chez l'auteur du délit l'intention de nuire, *animus injuriandi,* qui est l'élément moral du délit d'injure , c'est-à-dire l'esprit de dénigrement, de malice, de méchanceté : *Injuria ex affectu facientis consistat* (3) : en matière d'injure, il n'existe pas de délit sans intention de nuire.

On peut se demander à qui incombe la charge de prou-

(1) D. h. t. l. 15, § 48 et 49. — Inst. h. t. § 5 et 6.
(2) D. h. t. ll. 29, 30 et 1, § 7.
(3) D. h. t. l. 3 § 1.

ver l'existence ou la non existence de l'intention ? Tantôt
au demandeur (plaignant), tantôt au défendeur, suivant
les distinctions que nous allons établir.

Celui, qui prétend qu'une personne l'a injurié, doit
faire la preuve du fait ou du propos, susceptible de constituer une injure, qu'il allègue, et, s'il ne fournit pas la
preuve du fait qu'il avance, il est non recevable dans sa
demande. Mais, lorsque cette preuve est faite, si le fait
est injurieux de sa nature, les rôles changent, le plaignant
n'a plus rien à prouver. Du moment que le fait injurieux,
allégué par le demandeur, est prouvé, l'intention de l'auteur de ce fait est présumée mauvaise jusqu'à preuve contraire, et c'est à lui de fournir cette preuve. Le dol est en
effet présumé toutes les fois que quelque chose de honteux
par sa nature ou de défendu par la loi a été accompli ;
c'est donc à l'auteur du fait d'en prouver la pureté inten-
tionnelle.

Mais celui qui, en présence d'un propos sans gravité, ne
révélant rien d'injurieux dans son sens naturel et vul-
gaire, prétendrait qu'il est injurieux, devra prouver *l'a-
nimus injuriandi*. Il en serait de même s'il s'élevait des
doutes sur le caractère de l'intention : *quisque in dubio
bonus creditur*. Il faut alors appliquer la règle suivante : *In ambiguis orationibus maxime sententia
spectanda est ejus qui eas protulisset* (1). Dans tous
les cas, le plaignant a la faculté de déférer le serment,
pour trancher le point de savoir, si l'auteur du fait
injurieux a eu ou non l'intention d'injurier : et si, sur
cette délation, le prévenu déclare que son intention n'a
pas été criminelle, il doit être acquitté : *Hac lege permittitur actori jusjurandum deferre, ut reus juret injuriam se non fecisse* (2).

L'absence d'intention coupable peut résulter soit de la
condition de la personne, soit du motif déterminant.

(1) D. de regulis juris l. 96 (L-17).
(2) D. h. t. l. 5, § 8.

Certaines personnes sont censées, à cause de leur état, ne pas pouvoir commettre une injure : *sane sunt quidam qui facere (injuriam) non possunt, ut puta furiosus et impubes, qui doli capax non est; namque hi pati injuriam solent, non facere.* L'injure n'existant pas sans intention, le fou, l'impubère, celui qui n'a pas conscience de l'acte injurieux qu'il commet, ne peuvent pas être accusés d'avoir injurié (1).

L'homme, qui, en état d'ivresse, commet une injure, sera-t-il réputé avoir eu l'intention d'injurier? Aucun texte, sous le titre de *Injuriis*, ne prévoit ce cas et il paraît bien difficile d'admettre que l'homme ivre puisse se justifier d'un fait, que la loi qualifie délit, en se prévalant d'un vice. Cependant nous croyons que l'homme complètement ivre doit être assimilé au fou ou au furieux, parce qu'il ne sait pas ce qu'il fait et qu'il agit moins avec sa volonté que machinalement, *impetu*, ainsi que le disait Marcien : *Derelinquitur autem aut proposito aut impetu, aut casu. Proposito derelinquunt latrones, qui factionem habent. Impetu autem, quum per ebrietatem ad manus aut ad ferrum venitur. Casu vero, quum in venando telum in feram missum hominem interfecit* (2). L'homme complètement ivre ne doit donc pas être responsable de l'injure. Toutefois, celui qui se serait enivré à dessein, sachant qu'une fois ivre il se répandrait en invectives ou commettrait des actes injurieux, ne pourrait pas invoquer ce moyen de justification, car on pourrait dire de lui que, si au moment de la perpétration du délit il n'avait pas l'intention d'injurier, il l'avait eue avant.

Quant à la colère, elle ne peut jamais faire disparaître l'intention d'injurier, lors même que l'imputation proférée dans cet état aurait été immédiatement rétractée en présence des personnes qui l'auraient entendue. La colère, la

(1) D. h. t. l. 3, §§ 1 et 2. — Paul Sent. V, IV, 2.
(2) D. l. 11, § 2 (XLVIII-19).

rétraction, le repentir, que l'auteur de l'injure aura témoigné, pourront être un motif d'atténuation, mais rien de plus. Ce serait à tort qu'on invoquerait la règle suivante : *Quidquid calore iracundiæ vel fit, vel dicitur, non prius ratum est, quam si perseverantia apparuit, judicium animi fuisse* (1), qui s'appliquait exclusivement au divorce, ainsi que l'indiquent les expressions suivantes : *ideoque brevi reversa uxor, nec divertisse videtur.*

On est encore à l'abri de l'action *iniuriarum*, parce qu'on est censé n'avoir pas agi *animo injuriandi*, lorsque, pour défendre son droit, on injurie son adversaire ; par exemple, si on conteste l'honorabilité d'un témoin, si on dit de lui qu'il n'a pas le droit de témoigner. En effet, le but de celui qui accuse ainsi un témoin n'est pas de nuire, mais de se défendre. Dans le même ordre d'idées, il est permis de soutenir, même la sachant libre, qu'une personne est esclave, si l'on n'agit ainsi que dans le but de s'assurer un recours contre le vendeur : *qui ex libertate in servitutem petit, si judicii de evictione servandi causâ, contra libertatem agit : injuriarum actione non convenitur* (2).

Un texte d'Ulpien montre jusqu'à quel degré d'exagération les jurisconsultes poussaient l'application du principe: *Injuria ex affectu facientis consistat.* Il prévoit le cas où un devin (*astrologus*), interrogé sur l'auteur d'un vol, aurait désigné comme le voleur une personne non coupable de ce délit ; d'après les Constitutions il était sévèrement puni, mais il ne pouvait pas être actionné pour injure, parce qu'il était censé n'avoir pas agi avec intention de nuire, mais dans l'exercice de son art (3).

Par application du même principe, on ne commet pas une injure, si on blesse en jouant ou en combattant, si on

(1) D. 1. 48 (L-17).
(2) D. 1. 26 (XL-12). — h. t. 1. 12. — Cod. h. t. 1. 10.
(3) D. h. t. 1. 15, § 13.

frappe un homme libre, croyant frapper son esclave (1).
Cependant dans certains cas l'injure existe, quoiqu'il y ait
erreur sur la personne : Si j'insulte Seius croyant m'a-
dresser à Titius, si j'injurie un fils de famille, croyant qu'il
est *sui juris*, une femme mariée, croyant qu'elle est veuve
le père ou le mari ne seront pas injuriés; ils le seront,
s'il y a seulement erreur sur la personne du père ou du
mari (2).

Le père qui frappe ses enfants, le patron qui frappe ses
affranchis, sauf toutefois le cas d'injure atroce, ne sont pas
considérés comme commettant une injure. Le maître, qui
pousse, frappe son élève ou lui adresse des paroles injurieuses, est dans le même cas, parcequ'il est évident qu'il
n'a pas agi ainsi *faciendæ injuriæ causâ, sed monendi et
docendi causa* (3).

Enfin ceux, qui ne font qu'user d'un droit public ou qui
n'agissent que sur l'ordre du magistrat, ne peuvent pas
commettre une injure : *Is qui jure publico utitur non
videtur injuriæ faciendæ causâ hoc facere ; juris enim
executio non habet injuriam* (4). L'intention d'injurier ne
peut pas en effet exister chez ceux qui agissent en vertu
de leurs fonctions. « Ce qui se fait, dit Paul, pour le bien
de la république et des bonnes mœurs peut faire injure à
quelqu'un, mais, comme le magistrat n'a pas l'intention
d'injurier et n'a en vue que le maintien de la majesté
publique, il ne doit pas être tenu de l'action *injuriarum* (5). » Mais, si le magistrat abuse de son droit, le
législateur romain accorde l'action *injuriarum* contre
celui qui a commis une injure comme simple particulier ou

(1) D. h. t. l. 3, § 3 et 4.
(2) D. h. t. l. 18, §§ 3, 4 et 5.
(3) D. ad Leg. Aq. l. 5 § 3 (IX-2).
(4) D. h. t. l. 13, § 1.
(5) D. h. t. l. 33.

comme magistrat *Nec magistratibus licet aliquid iniuriose facere* (1).

III

De l'action injuriarum.

§ 1.

Objet de l'action injuriarum.

D'après le jurisconsulte Paul (2), l'action *injuriarum* a été introduite par la loi, par les usages ou par un droit mixte (*aut lege, aut more, aut mixto jure*) : par la loi, c'est-à-dire par la loi des XII tables sur les membres rompus, les os cassés et les satires diffamantes. L'action que Paul attribue aux usages (*more*), est attribuée dans les Instituts à l'édit du préteur (3) : par le mot *more* il faut entendre les dispositions introduites par le droit prétorien. Enfin par ces mots *mixto jure* le jurisconsulte fait allusion à la loi Cornelia, pour les cas où quelqu'un a été poussé ou frappé et où l'on est entré de force dans une maison. »

Les actions qui naissent du délit d'injure sont de deux sortes : une action criminelle et une action civile : *In summâ sciendum est de omni injuria eum qui passus est posse vel criminaliter agere vel civiliter* (4). Le but de l'action criminelle était l'application d'une peine au coupable dans l'intérêt général : *Sin autem criminaliter officio judicis extraordinaria pœna reo irrogatur* (5).

(1) D. h. t. l. 32.
(2) Sent. V, IV, 6, 7 et 8.
(3) Inst. h. t. par. 7.
(4) Inst. h. t. par. 10.
(5) Inst. loc. cit. — Dig. l. 42, § 1 (III-3).

L'action civile, c'est-à-dire l'action en réparation de l'offense, avait pour objet une condamnation à une somme d'argent : *Si civiliter agatur, œstimatione facta secundum quod dictum est, pœna imponitur* (1).

L'action criminelle, comme l'action civile, ne pouvait être intentée que par la partie lésée. Quoique dans le droit romain l'exercice de l'action publique pour la poursuite des délits appartînt à tous les citoyens en général, la loi avait cependant établi une distinction entre les délits publics et les délits privés. Les délits publics, comme le meurtre et le faux, pouvaient être poursuivis par tout citoyen, tandis que la poursuite des délits privés, comme le vol et l'injure, n'était accordée qu'à ceux qui en avaient éprouvé un dommage.

Quelquefois les jurisconsultes emploient le mot *action civile* par opposition à l'action prétorienne (par action civile on entend parler de l'action de la loi Cornelia). Il existe, en effet, de notables différences entre l'action prétorienne et l'action civile de la loi Cornelia. La première durait un an, la seconde trente. Dans le première on pouvait agir au nom d'autrui, par exemple le père au nom de son fils, ce qui n'avait pas lieu pour l'action de la loi Cornelia. Enfin la loi Cornelia avait cela de particulier qu'elle permettait au demandeur d'astreindre le défendeur à affirmer par serment qu'il n'avait pas injurié (2).

Mais le plus souvent le mot *action civile* s'emploie par opposition à l'action criminelle.

Ces deux actions ne peuvent pas être intentées l'une après l'autre ; l'injurié n'a que le choix entre l'action criminelle et l'action civile, il ne peut pas les cumuler, parce que le but est la vengeance de l'outrage dans les deux actions, et, le but une fois atteint, l'action est épuisée.

« Ce sénatus-consulte, dit Paul, est applicable quand

(1) Inst. loc. citato.
(2) D. h. t. l. 5, §§ 6, 7 et 8.

la personne n'est pas désignée par son nom; dans ce cas,
comme la preuve est difficile, le délit est poursuivi d'office
par une commission. Si, au contraire, la personne est
désignée par son nom, on pourra poursuivre l'injure selon
le droit commun. En effet on ne peut pas empêcher quelqu'un d'intenter une action privée, parce qu'elle l'empêche
de recourir ensuite à une action publique : il s'agit, en
effet, d'une cause privée, ne regardant pas l'intérêt public.
Mais s'il a intenté l'action publique, on doit lui refuser
l'action privée et réciproquement (1). » Il résulte de ce
texte que l'action civile et l'action criminelle ne peuvent
pas se cumuler, parce qu'elles ont pour objet l'une et
l'autre la punition d'un délit et que, d'après la maxime
non bis in idem, on ne peut pas demander deux fois
la même chose.

« Si, dit Ulpien, il s'agit d'un esclave, qui a été tué pour
faire injure à son maître, le préteur ne doit-il pas permettre que l'action privée périme celle de la loi Cornélia? En
est-il de même, si quelqu'un veut intenter l'action privée,
parce que vous avez donné du poison à son esclave pour
le faire mourir? Le préteur fera mieux de refuser l'action
privée (pour ne pas exclure l'action publique). Cependant
nous avons coutume de dire que dans tous les cas, où il y a
lieu à l'action publique, on ne peut pas nous empêcher
d'intenter l'action privée. Cela est vrai, mais c'est lorsqu'il
ne s'agit pas principalement de la chose qui fait l'objet
de l'action publique. Que disons-nous de la loi Aquilia?
Car lorsqu'on poursuit en vertu de cette loi, l'objet principal de l'action n'est pas le meurtre de l'esclave, mais bien
le dommage résultant de sa mort pour son maître. Dans
l'action *injuriarum* au contraire, il s'agit du meurtre ou
de l'empoisonnement et de la réparation de ces délits,
non de la réparation du dommage causé. Que dire enfin,
si quelqu'un veut intenter l'action *injuriarum*, parce

(1) D. h. t. l. 6.

qu'on l'a frappé d'un glaive à la tête ? Labéon dit qu'on
ne doit pas l'en empêcher, car, dit-il, on n'allégue pas
un fait qui tombe sous le coup de la vindicte publique.
Cela n'est pas vrai, car dans le doute on peut dire qu'il
y a lieu à l'action de la loi Cornelia (1). »

Il résulte de ces deux lois que, lorsqu'une action civile
concourt avec une action criminelle, il faut distinger le
cas où l'action civile n'a lieu que pour la punition d'un
délit et celui où elle a pour objet la réparation d'un dommage causé. Dans le premier cas, c'est-à-dire dans l'action *injuriarum*, on a le choix entre l'action criminelle et
l'action civile, et, comme ces deux actions ont pour objet
la punition d'un délit, elles se périment réciproquement.
Dans le second cas, c'est-à-dire lorsque l'action civile a
lieu pour la réparation d'un dommage causé, cette action
ne périme pas l'action criminelle. Lorsque le fait, pour
lequel on peut intenter l'action *injuriarum*, donne lieu
en même temps à l'action de la loi *Cornelia de Sicariis*,
le préteur n'accordera pas l'action *injuriarum*, parce
que dans ce cas le crime absorbe l'injure. Mais la règle
n'est plus la même, lorsque l'action *injuriarum* concourt
avec l'action de la loi Aquilia : ces deux actions peuvent
être exercées cumulativement, chacune pour le tout,
lorsque les délits sont distincts ; cela résulte de ce texte
d'Ulpien : *Si quis servo verberato injuriarum egerit,
deinde postea damni injuriæ agat : Labeo scribit eam-
dem rem non esse; quia altera actio ad damnum pertineret culpa datum, altera ad contumeliam* (2).

Cependant les jurisconsultes n'avaient pas tous admis le
cumul de l'action *injuriarum* et de l'action de la loi Aquilia. L'expression *quidam*, employée par Ulpien, nous
fournit la preuve des divergences, qui existaient entre
les jurisconsultes : *Si virginem immaturam stupraverit,*

(1) D. h. t. l. 7, § 1.
(2) D. h. t. l. 15, § 46. — l. 25.

etiam legis Aquiliœ actionem compelere quidam pu-
tant (1). Les uns rejetaient le cumul d'une manière absolue : *quidam alterâ electâ alteram consumi (putant).*

Pour les autres, si l'action de la loi Aquilia avait été
intentée, elle périmait l'action *injuriarum*, tandis que
l'action de la loi Aquilia pouvait être intentée après l'action *injuriarum*, mais seulement pour l'excédant de l'une
sur l'autre : *qui servum alienum injuriose verberat,*
ex uno facto incidit, et Aquiliam, et actionem inju-
riarum : injuria enim ex affectu fit, damnum ex
culpa : et ideo possunt utrœ competere; sed quidam,
altera electa alteram consumi : alii, per legis Aquiliœ
actionem injuriarum consumi, quoniam desiit bonum
et œquum esse, condemnare eum qui œstimationem
prœstitit : sed si ante injuriarum actum esset, teneri
eum ex lege Aquilia: sed hœc sententia per prœtorem
inhibenda est; nisi in id quod amplius ex lege Aquilia
competit, agatur; rationabilius itaque est eam ad-
mitti sententiam, ut liceat ei quam voluerit actionem
prius exercere : quod autem amplius in alterâ est,
etiam hoc exequi (2). D'autres, enfin, prétendaient que
l'action de la loi Aquilia et l'action *injuriarum*, loin de
se confondre, pouvaient être cumulées; c'est cette opinion qui avait prévalu : *Cum ex uno delicto plures nas-*
cuntur actiones, sicut evenit cum arbores furtim
cœsœ dicuntur, omnibus experiri permitti, post mag-
nas varietates obtinuit (3).

L'action *injuriarum*, intentée civilement, pouvait être
exercée ou soutenue par *procurator*, par tuteur ou par
tous autres représentants : *Agere quis injuriarum, et*
per se et per alium potest, utputa procuratorem,
tutorem, cœterosque qui pro aliis solent interce-

(1) D. h. t. l. 25.
(2) D. l. 34 pr. (XLIV-7).
(3) D. loc. cit. l. 32.

nire (1). La règle était générale et s'appliquait aussi à l'action de la loi Cornelia exercée au civil : *ad actionem injuriarum ex lege Cornelia procurator dari potest : nam etsi pro publica utilitate exercetur, privata tamen est* (2). Mais, en matière criminelle, les Romains n'admettaient pas la représentation par un *procurator* soit du demandeur, soit du défendeur. Lorsque l'action était criminelle, la règle générale était qu'il fallait comparaître en personne : *Injuriarum non nisi præsentes accusare possunt* (3), dit Paul dans ses Sentences. Cependant un empereur du Bas Empire, Zénon, décida que les personnes illustres et celles, qui sont encore au-dessus d'elles, pourraient poursuivre l'action criminelle d'injure ou y défendre par *procurator* (4).

Enfin, la personne qui, se prétendant injuriée, intente l'action *injuriarum* doit nettement articuler le fait, qui constitue l'injure dont elle se plaint : *Prætor edixit : qui agit injuriarum certum dicat quid injuriæ factum sit : quia qui famosam actionem intendit, non debet vagari cum discrimine alienæ existimationis, sed designare, et certum specialiter dicere, quam se injuriam passum contendit* (5). C'est d'une manière certaine et non vague que le plaignant doit déterminer l'injure; il doit aussi clairement désigner le nom de l'offenseur : *nam si incertæ personæ convicium fiat, nulla executio est* (6).

Celui, qui avait été injurié plusieurs fois par la même personne, ne pouvait pas intenter une action pour chaque

(1) D. h. t. l. 11 § 2.
(2) D. l. 42, § 1 (III-3).
(3) Paul Sent. V, IV, 12.
(4) Inst. h. t. § 10. — Cod. b. t. C. 11.
(5) D. h. t. l. 7 pr.
(6) D. h. t. l. 15, § 9. — l. 7, § 4.

injure qu'il avait reçue; mais il devait les réunir toutes et intenter une seule action pour le tout (1).

Nous verrons, lorsque nous traiterons des peines, comment se faisait l'estimation de l'injure.

§ 2.

Qui peut l'exercer.

L'action *injuriarum* est accordée à la partie lésée par le délit : elle est exercée par cette partie personnellement ou en son nom par ceux qui la représentent légalement (2).

Elle ne peut être intentée ni par l'héritier ni contre l'héritier, dit Ulpien : *Injuriarum actio neque heredi neque in heredem datur.* Il en est de même, si l'injure est faite à un esclave : l'héritier du maître de l'esclave ne peut pas introduire l'action. Les héritiers ne succèdent à l'action *injuriarum* que lorsqu'il y a eu *litis contestatio : Semel autem lite contestata, hanc actionem ad successores pertinere. — Injuriarum actio in bonis nostris non computatur, antequam litem contestemur* (3). Mais l'héritier peut intenter l'action *injuriarum* contre celui qui exerce des voies de fait contre le cadavre de son auteur ou qui attaque sa mémoire.

Remarquons tout d'abord que la loi Romaine ne parle nulle part de l'injure faite au défunt : aucun fait ne peut constituer un délit à l'égard de la personne du défunt ou de sa mémoire. En effet, qu'est-ce qu'un mort ? Un corps inerte, une pincée de cendre. Où est la personne à qui s'adressera l'injure? Nulle part. On a beau chercher : la matière du délit manque absolument.

(1) D. h. t. l. 7, § 5.
(2) Supr. des injures directes et des injures indirectes.
(3) D. h. t. l. 13 pr. — l. 28.

Mais si l'injure, adressée au cadavre ou à la mémoire, ne peut pas constituer un délit à l'égard du défunt, elle peut prendre ce caractère en ce qui concerne la personne de l'héritier : *Et si forte cadaveri defuncti fit injuria, cui heredes bonorumve possessores extitimus, injuriarum nostro nomine habemus actionem : spectat enim ad existimationem nostram; si qua et fiat injuria. Idemque et si fama ejus cui heredes extitimus lacessatur* (1). Cette loi s'attache à protéger le corps mort contre l'insulte et la voie de fait. Insulter le cadavre du défunt, c'était porter atteinte à la considération de l'héritier (*Spectat ad existimationem nostram*) : en exerçant l'action *injuriam*, l'héritier agit dans son propre intérêt et de son chef. Enfin cette action n'est donnée qu'à l'héritier ou aux possesseurs des biens, parce que le cadavre du défunt devenait leur chose, leur propriété, soit dans sa forme première, soit dans la transformation religieuse qu'on lui faisait subir.

L'action *injuriarum* accordée à l'héritier ou aux possesseurs des biens est donc un droit exclusivement attaché à l'adition d'hérédité. Cela résulte évidemment de ce passage d'Ulpien : *Quotiens autem funeri testatoris, vel cadaveri fit injuria : si quidem post aditam hereditatem fiat, dicendum est heredi quodammodo factam : semper enim heredis interest defuncti existimationem purgare; quotiens autem ante hereditatem, magis hereditati; et sic heredi per hereditatem acquiri. Denique Julianus scribit, si corpus testatoris ante aditam hereditatem detentum est : adquiri hereditati actiones dubium non esse. Idemque putat, et si ante aditam hereditatem servo hereditario injuria facta fuerit : nam per hereditatem actio heredi adquiretur* (2). L'outrage au cadavre n'était donc point un délit à la mémoire du dé-

(1) D. h. t. l. 1, § 4.
(2) D. h. t. l. 1, § 6.

funt, puisque, en l'absence d'un héritier, personne ne
pouvait exercer l'action; mais, par le fait de l'adition d'hérédité le cadavre étant revendiqué, la voie de fait, dont il
était ou avait été l'objet, constituait une injure réelle à
l'égard de l'héritier. C'était la voie de fait exercée sur le
cadavre devenue la chose de l'héritier, la violation de sa
propriété, qui donnaient naissance à l'action *injuriarum*
pour insulte envers le cadavre du défunt (1).

L'action pour injure à la mémoire du défunt avait un
principe tout différent : elle naissait de cette fiction légale
poussée très loin dans le droit romain, que l'héritier est le
continuateur de la personne du défunt et qu'il s'identifie
avec lui en ce qui concerne l'*existimatio*. Cette différence
dans le principe des deux actions est rendue très sensible
dans le § 4 de la loi 1 précitée. Tandis que cette loi, lorsqu'il s'agit d'une insulte envers le cadavre, accorde l'action

---

(1) L'héritier nécessaire qui avait demandé et obtenu la séparation des
biens, pourait intenter l'action *sepulcri violati;* cette action ayant pour
but la vengeance (*hæc actio non ad rem familiarem, sed magis ad ultionem
pertinet,* l. 6 *in fine* Dig. XLVII-12 *de sepulchro violato*), l'héritier, qui
l'intentait, était à l'abri des poursuites des créanciers héréditaires : *Quæ-
situm est an ad heredem necessarium, cum se bonis non miscuisset, actio
sepulchri violati pertineret? Dixi (Papinianus) recte ea actione experiri, quæ
in bonum et æquum concepta est. Nec tamen, si egerit, hereditarios creditores
timebit : cum etsi per hereditatem obligit hæc actio, nihil tamen ex defuncti
capiatur voluntate, neque id capiatur, quod in rei persecutione, sed in sola
vindicta sit constitutum* (loc. citat. L. 10). L'héritier sien et nécessaire
avait le même droit : s'il exerçait l'action *sepulchri violati,* il n'était pas
réputé s'être immiscé dans l'hérédité, avoir fait acte d'héritier : *Si sepulchri violati filius aget, quamvis hereditarii : quia nihil ex bonis patris capit,
non videtur bonis immiscere : hæc enim actio pænam et vindictam quam rei
persecutionem continet* (l. 20, § 5, Dig. XXIX-2). Ces héritiers n'avaient
pas besoin de faire adition; pour eux l'acquisition de l'hérédité avait
lieu *ipso jure;* ils étaient héritiers de plein droit. C'est à ce titre qu'ils
avaient le droit d'intenter l'action *sepulchri violati,* et, comme cette action
n'était pas *rei persecutoria,* il en résultait qu'ils conservaient, l'héritier
nécessaire le bénéfice de séparation des biens et l'héritier sien et nécessaire le bénéfice d'abstention.

à la fois à l'héritier et aux possesseurs des biens, elle ne la donne pour l'injure faite à la mémoire qu'à l'héritier seul : *Idemque est si fama ejus cui heredes extitimus lacessatur.*

§ 3.

Contre qui elle peut être exercée.

On peut poursuivre par l'action *injuriarum* l'auteur direct de l'injure et les instigateurs ou complices. Les magistrats peuvent être actionnés comme les simples particuliers. Seulement on devra attendre qu'ils soient sortis de charge, si à cause de la nature de leurs fonctions (*qui imperium habent, qui coercere aliquem et jubere in carcerem duci*) (1), ils ne peuvent pas être cités en jugement : on pourra les actionner immédiatement, si l'injure est commise par un magistrat subalterne (*minores qui sine imperio aut potestate sunt*) (2).

Le fils de famille, qui n'était pas émancipé, ne pouvait dans aucun cas intenter contre son père l'action *injuriarum* : s'il était émancipé, il le pouvait pour injure grave (3).

L'affranchi n'avait pas plus de droits contre son patron que le fils de famille émancipé contre son père : « Le préteur, dit Ulpien, ne souffrirait pas que celui qui, esclave hier, est aujourd'hui libre, vint se plaindre de ce que son patron lui aurait adressé des paroles désobligeantes, l'aurait légèrement poussé ou l'aurait réprimandé; mais si l'affranchi a été fouetté ou battu de verges, il est de toute équité que le préteur lui accorde l'action (4). »

(1) D. l. 2 (II-4).
(2) D. h. t. l. 32.
(3) D. h. t. l. 7, § 3.
(4) D. h. t. l. 7 § 2. — Cod. h. t. c. 6.

— 49 —

On s'est demandé si le mari d'une affranchie pouvait exercer l'action *injuriarum* contre le patron. Si l'injure n'est pas grave, il ne pourra pas intenter l'action au nom de sa femme, mais il pourra agir de son chef, d'après Marcellus. Cependant Ulpien ne partage pas l'opinion de Marcellus, et il ne comprend pas qu'on ne permette pas au patron d'infliger à son affranchie une légère correction et de lui adresser telles paroles qu'il lui conviendra, pourvu qu'il ne cherche pas à la corrompre. Quoiqu'il en soit, cette action sera toujours accordée au fils ou à la femme d'un affranchi, injuriés par le patron de leur père ou de leur mari (1).

L'action *injuriarum* peut être exercée non seulement contre l'auteur direct de l'injure, mais encore contre les instigateurs : *fecisse convicium non tantum is videtur qui vociferatus est : verum is quoque qui concitavit ad vociferationem alios, vel qui summisit ut vociferentur* (2). Est considéré comme instigateur celui qui par dol ou autrement a fait commettre une injure, celui qui a excité à la commettre quelqu'un qui n'en avait pas l'intention, celui qui a donné mandat (3), etc.

Toute provocation n'était pas cependant un fait de complicité (4). Ainsi la provocation, dont l'effet n'était pas en quelque sorte assuré par un abus d'autorité ou par un autre moyen, don, promesse ou menace, n'était pas punissable : *Liber homo, si jussu alterius manu injuriam dedit, actio legis Aquiliæ cum eo est, qui jussit, si modo jus imperandi habuit; quod si non habuit, cum eo agendum est, qui fecit* (5).

On pouvait encore exercer l'action *injuriarum* contre le maître pour les injures commises par son esclave, car

(1) D. h. t. l. 11, § 7 et 8.
(2) D. h. t. l. 15, § 8.
(3) D. h. l. 11, pr. et §§ 3, 4, 5 et 6.
(4) D. l. 36 de furtis (XLVII-2).
(5) D. l. 37 ad Leg. Aq. (IX-2).

4

l'esclave pouvait injurier, bien qu'en général il ne pût par lui-même ressentir l'injure. L'action donnée contre le maître était l'action *noxalis injuriarum*. Le maître, étant condamné, devait payer le montant de la condamnation ou faire l'abandon noxal de l'esclave, auteur du délit. Quant à l'abandon noxal, qui, n'étant pas obligatoire pour le maître, était seulement *in facultate solutionis*, il libérait le maître à quelque époque qu'il fût fait, soit avant la délivrance de l'action, soit avant la sentence, soit après la condamnation. Cet abandon noxal est tout à fait conforme aux idées romaines sur l'esclavage : le maître de l'esclave, auteur d'un délit, s'en débarrasse comme d'un objet incommode et compromettant ; car, dit Gaïus, il eût été inique que la méchanceté d'un esclave pût entraîner pour le maître une perte supérieure à la valeur de l'esclave lui-même : *erat enim iniquum, nequitiam eorum ultra ipsorum corpora parentibus dominisve damnosam esse* (1). Nous remarquerons que Gaïus appliquait les mêmes principes aux fils de famille qui commettaient un délit, et que de son temps il était permis aux pères de les abandonner noxalement ; mais ce droit cessa, l'action noxale fut restreinte aux esclaves, du jour où les fils de famille purent être poursuivis personnellement à raison de leurs délits (2).

Par l'abandon noxal le maître livre donc son esclave à la vengeance de l'offensé. Lorsqu'un esclave s'est rendu coupable du délit d'injure, le maître est libre de le livrer à l'offensé pour le faire fustiger à sa satisfaction ou de le fustiger lui-même, et le maître ne sera tenu de payer l'estimation judiciaire ou de faire l'abandon noxal que tout autant que, par la fustigation, l'offensé ne serait pas suffisamment satisfait. Cette satisfaction obtenue, l'offensé

(1) Gaius C. IV, §75.
(2) Inst. IV, VIII, §7.

ne pouvait plus intenter l'action *injuriarum*, il était censé avoir remis l'injure (1).

Enfin l'affranchi, qui, pendant qu'il était esclave, avait commis une injure, n'était pas à l'abri de l'action : il pouvait être poursuivi personnellement, *quia et noxa caput sequitur* (2).

§ 4.

De la preuve du fait injurieux.

Les fragments de la loi des XII tables, relatifs aux injures, sont muets sur l'influence de la vérité du fait allégué : aucun texte ne révèle le système de la loi décemvirale. Cependant le caractère des institutions libres du peuple romain durant la première période de son histoire, la vie des citoyens exposée au grand jour, la rudesse des mœurs républicaines, tout semble indiquer qu'à l'origine le principe du droit romain était le même que celui de la loi Athénienne, d'où la loi romaine a été tirée, et qu'il était permis aux citoyens de se diffamer entr'eux, s'ils prouvaient qu'ils avaient dit la vérité.

Le siècle d'Auguste nous fournit un document, qui, quoique purement poétique, a cependant une grande importance juridique : c'est une conversation reproduite par Horace dans ses satires. Le poète, qui a sans doute malmené quelqu'un, interroge le jurisconsulte Trebatius sur les droits du poète satirique. « Lorsque Lucilius, lui dit-il, osa le premier composer des ouvrages dans le genre des miens et démasquer ces fourbes, qui, bravant tous les regards, couvraient de brillants dehors la turpitude de leur ame, Lélius et Scipion ne furent pas scandalisés de ses sa-

(1) D. h t. l. 17, §§ 4, 5 et 6.
(2) D. h. t. l. 17, § 7.

tires ; on ne lui reprocha pas d'avoir déchiré Metellus et accablé Lupus de ses vers flétrissants, et cependant il attaquait toutes les classes, les grands comme le peuple, n'épargnant que les hommes vertueux. — Le jurisconsulte lui répond qu'il doit se tenir sur ses gardes. Craignez, lui-dit-il, que l'ignorance de nos saintes lois ne vous attire quelque fâcheuse affaire ; sachez que, si un auteur a composé contre quelqu'un des vers méchants, il y a recours en justice et condamnation. — De méchants vers, soit ! dit Horace ; mais si un poète en a fait de bons, si un écrivain irréprochable a poursuivi de ses clameurs flétrissantes un homme deshonoré, qu'en résultera-t-il ? — On rira, répond Trébatius ; les juges briseront leurs tablettes et vous serez renvoyé absous (1) !

Il faut arriver au commencement du III⁰ siècle pour trouver un document législatif ; c'est Paul qui nous le fournit : EUM QUI NOCENTEM INFAMAVIT , NON ESSE BONUM ÆQUUM OB EAM REM CONDEMNARI, PECCATA ENIM NOCENTIUM NOTA ESSE ET OPORTERE ET EXPEDIRE (1). « Il n'est ni bon ni juste de condamner celui qui diffame un homme vicieux, parce qu'il faut et il est utile que les vices de pareils hommes soient connus. » Cet important document acquit force de loi à partir de la loi des Citations et fut incorporé dans le Digeste au titre de *Injuriis et famosis libellis*.

La théorie romaine est renfermée dans la loi *Eum qui*

---

(1) Treb. Equidem nihil hinc diffingere possum ,
Sed tamen , ut monitus caveas, ne forte negoti
Incutiat tibi quid sanctarum inscitia legum :
Si mala condiderit in quem quis carmina , jus est
Judiciumque.
  Hor. Esto, si quis mala , sed bona si quis
Judice condiderit laudatus Cæsare ? Si quis
Opprobriis dignum latraverit, integer ipse ?
Treb. Solventur risu tabulæ : tu missus abibis.
                                   (Liv. II , Sat. 1).

(2) D. h. t. l. 18, pr.

nocentem ; on peut la formuler ainsi : L'imputation d'un
fait faux , c'est-à-dire la calomnie, constitue une injure.
L'imputation d'un fait vrai, c'est-à-dire la médisance, ne
peut dans aucun cas avoir ce caractère, quelle que soit
l'intention du diffamateur, quel que soit le fait imputé. La
preuve du fait n'est pas un moyen d'excuse, une sorte de
fin de non recevoir opposée à l'action, mais un moyen
donné au diffamateur pour arriver à établir que l'injure
n'existe pas et n'a jamais pu exister. On ne doit pas dire :
veritas convicii excusat, mais *non est injuria.* En un
mot , on n'est tenu de l'action *injuriarum* que lorsqu'on
impute un fait faux ou lorsqu'on ne peut pas prouver
la vérité du fait imputé ; mais si l'on impute un fait vrai, il
n'y a pas injure, parce qu'on se trouve dans la position de
celui qui *injuriæ faciendæ causa* appelle quelqu'un son
débiteur et qui n'est tenu de l'action *injuriarum* que si cet
homme n'est pas son débiteur (1).

Malgré la clarté et la précision des termes de la loi *Eum
qui nocentem,* les commentateurs sont arrivés, en tortu-
rant les textes, à fonder une foule de systèmes, appuyés
sur des distinctions, qui ne sont pas dans le texte de
Paul.

D'après les uns, l'imputation d'un fait notoire n'assure
pas l'impunité au diffamateur, parce que celui qui le rap-
pelle est présumé par là même avoir agi méchamment. D'autres distinguent entre les faits punissables et les faits non
punissables, entre les faits honteux provenant de la faute de
celui à qui ils sont imputés et ceux qui ne proviennent pas
de sa faute (2), entre les faits qu'il importe à la Société de

(1) D. h. t. l. 15, § 35. — Inst. h. t. § 1.
(2) Ex. : Reprocher à quelqu'un un délit qu'il a commis, ce n'est pas
commettre une injure ; mais il en est autrement, si l'on reproche à une personne un événement ou un fait de nature à la déconsidérer ; sans que
cependant on puisse alléguer contre elle aucune faute, par ex., si l'on
reproche à quelqu'un de n'avoir pas de père connu et d'être le fils d'une
courtisane.

connaitre et ceux dont la connaissauce ne serait pour elle d'aucune utilité (1), entre ce qui est dit en justice et hors justice. Dans le premier cas la vérité du fait imputé assure l'impunité au diffamateur, tandis que dans le second il doit être puni.

Aucun de ces systèmes ne nous parait fondé, car le jurisconsulte ne distingue pas.

D'autres ont prétendu que la loi romaine punissait la médisance à l'égal de la calomnie, que la vérité du fait imputé n'était jamais une excuse : *verilas convicii non excusat*. Ils invoquent la loi *Eum qui nocentem*, qui dit précisément le contraire, et les dix constitutions du Code Théodosien, relatives aux libelles diffamatoires, et notamment la constitution (1), d'après laquelle Constantin ordonnait que l'auteur d'un libelle fut contraint de prouver la vérité de ce qu'il avait écrit et néanmoins condamné à mort (2). Mais cet argument ne peut pas nous arrêter, parce que, comme nous le verrons plus tard, le délit de libelle diffamatoire est un délit d'un genre particulier, que les romains ont toujours puni plus sévèrement que le même délit commis par la parole, parce que ces constitutions, édictées dans le but de protéger les chrétiens, ont été rejetées de la compilation de Justinien à l'exception de la 7ᵉ (3), dans laquelle Valentinien et Valens promettent honneur et récompense à l'auteur du libelle, qui prouvera la vérité de ses imputations ; ce qui indique au contraire qu'en rejetant de son Code les constitutions, qui sanctionnent la maxime *verilas convicii non excusat* et en y insérant celle qui consacre la maxime contraire, Justinien a voulu

(1) « Il importe à la société, dit le commentateur, de savoir qu'un tel est lépreux, excommunié, voleur, bâtard ou infâme, tandis que celui-là est coupable qui reproche à son voisin d'être boiteux, aveugle ou malheureux en ménage. »

(2) Cod. Th. IX-34.

(3) Code C. 1 (IX-36).

étendre aux libelles diffamatoires la règle *veritas convicii non est injuria*.

Enfin un dernier système peut se formuler ainsi : On ne doit pas se préoccuper de la vérité ou de la fausseté du fait imputé : il n'y a que l'absence d'intention coupable qui puisse mettre à l'abri de la peine.

Aucune disposition dans le Digeste n'autorise un pareil système ; mais on invoque deux textes du Code. On s'appuie sur ces mots de la loi 3 : *Nam si vere voces sint, nec ad libidinem per clientelas effusæ, diligenter investigabimus* (1). Cette constitution ne faisant aucune allusion à l'injure, il nous paraît impossible de l'invoquer.

Le second texte, sur lequel on s'appuie et qui fournit un argument très spécieux, est un rescrit adressé par les empereurs Dioclétien et Maximien à un certain Victorinus ; il est ainsi conçu :

« *Si non convicii consilio te aliquid injuriosum dixisse probare potes : fides veri a calumnia te defendit. Si autem in rixam inconsulto calore prolapsus homicidii convicium objecisti, et ex eo die annus excessit : cum injuriarum actio annuo tempore præscripta sit, ob injuriæ admissum convenire non potes* (2). »

Voici comment on traduit ce rescrit :

« Si tu peux prouver que ce n'est pas dans un esprit d'injure que tu as proféré le propos injurieux qu'on te reproche, la preuve de la vérité du fait que tu as imputé *(fides veri)* te met à l'abri de l'action en calomnie. Mais si emporté par la colère, dans une rixe, tu as imputé un fait de meurtre et qu'une année se soit écoulée depuis cette imputation, comme l'action *injuriarum* se prescrit par un an, tu ne peux pas être recherché pour ce fait. »

Ce texte ainsi expliqué conduit à la conséquence suivante : pour être à l'abri de la peine, il ne suffit pas que

(1) Code (1-40).
(2) Cod. h. t. C. 5.

l'auteur de l'injure prouve la vérité de son imputation, il faut en outre qu'il prouve qu'il n'a pas eu l'intention d'injurier.

Une pareille interprétation est à la fois arbitraire et contradictoire. La loi *Si non convicii*, ainsi expliquée, modifierait ou plutôt abrogerait la loi *Eum qui nocentem*, qui proclame le droit de diffamer à la seule condition de prouver la réalité du fait imputé : elle subordonnerait les conséquences libératoires de la preuve du fait reproché à la preuve de l'absence d'intention de nuire. Or, il est impossible de soutenir sérieusement que la loi *Eum qui nocentem* n'a eu pour objet que de proclamer qu'on est à l'abri de l'action *injuriarum*, si sans intention de nuire on révèle un fait diffamatoire vrai. En effet, l'injure n'existe pas lorsque l'intention, *consilium convicii*, manque, et l'on n'a pas à se préoccuper de la vérité ou de la fausseté du fait imputé. Au surplus la règle : point de délit sans intention de nuire, *injuria ex affectu facientis consistat* (1), n'est pas spéciale à la matière des injures, mais elle domine toutes les législations criminelles; par conséquent, il faut nécessairement admettre que Paul a supposé l'intention d'injurier. S'il en était autrement, comme sans l'*animus injuriandi* l'injure ne peut exister dans aucun cas, la loi *Eum qui nocentem* n'aurait aucun sens, tandis que son objet a été de déroger dans un intérêt d'ordre public à la règle : *injuria ex affectu facientis consistat*, et d'exclure l'intention d'injurier en ne permettant pas de réputer cette intention mauvaise, de la rechercher, lorsqu'on prouve la vérité du fait imputé.

Ces raisons sont suffisantes pour faire rejeter cette opinion et il est peut-être superflu de donner la véritable interprétation de la loi *Si non convicii* :

« Si tu peux prouver que ce n'est pas dans un esprit d'injure que tu as proféré le propos qu'on te reproche,

(1) D. h. t. l. 3, § 1.

cette preuve (la preuve de l'absense d'intention d'injurier) te met à l'abri de l'action en calomnie. Mais si emporté par la colère tu as imputé un fait de meurtre (qui n'existe pas), tu es punissable, à moins qu'une année s'étant écoulée depuis cette imputation tu opposes la prescription. »

Toute la différence consiste donc dans le sens des mots *fides veri*. Tandis que dans l'opinion contraire ces mots s'appliquent au fait imputé et s'entendent en ce sens que le diffamateur, qui aurait dit la vérité, serait punissable par cela seul qu'il aurait eu l'intention de nuire, dans notre opinion, ils se rapportent au récit, inséré dans la requête de Victorinus, et qui devait être le suivant : « Ce n'est pas méchamment, *couricii consilio*, que j'ai imputé le crime de meurtre, » et l'empereur répondait : « Si tu fournis cette preuve, la foi due à la vérité, *fides veri*, te met à l'abri de l'action en calomnie (1). »

En résumé, la loi *si non convicii* renferme deux choses bien distinctes : elle dispose que toute injure est réputée faite dans l'intention de nuire, et, si l'auteur du fait injurieux soutient qu'il n'a pas agi méchamment, elle met cette preuve à sa charge. Telle est d'ailleurs le sens que Cujas donne à la loi *si non convicii*, qui d'après lui ne renferme qu'une disposition relative à l'intention : *Tibi incumbit hoc onus*, dit-il, *quia præsumitur te animo injuriandi hoc dixisse, quia verba sic se habent.*

La théorie romaine peut donc se résumer dans cette double règle :

1° La médisance est permise, la calomnie est seule punie.

2° L'absence d'intention de nuire met à l'abri de toute peine celui qui impute un fait faux.

La preuve du fait injurieux était donc permise, et cela

---

(1) Ce rescrit est reproduit dans les Basiliques (Livre LX, Titre XXI, n° XLVIII, tome 5, page 641), où il est précédé du point de fait soumis à la décision du prince.

devait être. Chez les Grecs et chez les Romains, dans ces républiques agitées, où chaque citoyen, voulant et pouvant jouer un grand rôle dans l'Etat, pouvait devenir une puissance, il était de l'intérêt public que les moindres actions de chaque citoyen fussent connues.

Nous avons déjà vu qu'au point de vue de l'exercice de l'action *injuriarum* il n'existait aucune différence sensible entre les magistrats (agents de l'autorité) et les simples citoyens et que cette action pouvait être intentée aussi bien contre les premiers que contre les seconds : il en était de même au point de vue de la preuve, du moins sous la république et pendant les premiers siècles de l'empire. La loi *Eum qui nocentem*, conçue en termes généraux, autorisait la preuve du fait injurieux contre les uns et les autres. Mais à partir de Constantin, il n'en est plus ainsi, et il existe une différence bien grande entre les simples particuliers et les fonctionaires publics.

Cet empereur autorise la plainte contre les juges méchants et injustes, promettant d'y faire droit, pourvu que les imputations soient vraies. *Nam si veræ voces sint, nec ad libidinem per clientelas effusæ, diligenter investigabimus.* Il charge en outre les préfets du prétoire et les gouverneurs des provinces de lui transmettre les plaintes de ses sujets (1).

Une constitution des empereurs Gratien, Valentinien et Théodose, permet de dénoncer et d'accuser les fonctionnaires prévaricateurs (*vel administrante eo, vel post administrationem depositam* (2).

Ces constitutions, en accordant le droit de plainte, de dénonciation ou d'accusation, suppriment évidemment d'une manière implicite le droit d'opposer au fonctionnaire, exerçant l'action *injuriarum*, la vérité de l'imputation injurieuse, dirigée contre lui. Toutefois, ces droits de

(1) Code C. 3 (I-40).
(2) Code C. 4 (IX-27).

plainte, de dénonciation et d'accusation, offraient des garanties suffisantes; mais elles furent rendues complètement illusoires par une constitution des mêmes empereurs, qui poursuivait comme sacriléges et par conséquent punissait de mort ceux qui mettaient en question le jugement du prince ou doutaient du mérite de ceux qu'il avait choisis pour quelque emploi : *Disputare de principali judicio non oportet : sacrilegii enim instar est, dubitare, an is dignus sit, quem elegerit imperator* (1). Une pareille atrocité, qui ne s'explique que par la tendance naturelle du despotisme à ériger en crime tout ce qui offre l'apparence d'une pensée indépendante, ne nous semble pas mériter le nom de loi, et Montesquieu a eu raison de dire que « quand la servitude elle-même viendrait sur la terre, elle ne parlerait pas autrement (2). »

IV

Peines de l'injure.

D'après la loi des douze tables, dit Gaïus, la peine de l'injure était le talion, *propter membrum ruptum*, une amende de trois cents as, si l'injurié était un homme libre, et de cent cinquante, s'il était esclave, *propter os fractum aut collisum*, et de vingt-cinq as pour les autres injures. Après l'abrogation de cette loi par les édits des préteurs, la peine devint arbitraire, le juge eut un pouvoir discrétionnaire. Si on intente l'action civile, c'est en une somme d'argent que consiste la peine; au criminel, le juge inflige d'office au coupable une peine extraordinaire : *Sin autem criminaliter, officio judicis extraordinaria pœna reo*

---

(1) Code C. 3 (IX-29).
(2) Esprit des lois, liv. 12, ch. 8.

irrogatur (1). La loi ne lui impose aucune peine qu'il doive absolument appliquer.

Le préteur permet à la personne injuriée d'estimer elle-même l'injure qu'elle a reçue. L'appréciation personnelle joue ici le plus grand rôle ; le juge peut condamner soit au montant de l'estimation ainsi faite, soit à une somme moindre. Lorsque l'injure était atroce, le préteur fixait lui-même l'estimation et, d'après Gaïus, le juge, bien qu'il put condamner à une somme moindre, n'osait pas habituellement le faire *propter ipsius praetoris auctoritatem* (2).

Pour fixer l'estimation de l'injure, on doit prendre en considération non pas le temps où l'on réclame, mais le temps où l'on a été injurié : *Injuriarum aestimatio non ad id tempus quo judicatur, sed id quo facta est referri debet* (3). Elle varie avec la nature de l'injure, la dignité de la personne offensée (elle sera plus grave, si elle s'adresse à un magistrat) ; elle varie aussi suivant la qualité de l'auteur de l'injure ; plus la position de l'offenseur était humble et plus l'injure s'aggravait. Ainsi certaines injures, qui, commises par un homme libre, sont légères, deviennent fort graves, si elles sont commises par un esclave (4).

En dehors de la peine pécuniaire le condamné pour injure était noté d'infamie : *Injuriarum civiliter damnatus, ejusque aestimationem inferre jussus, famosus efficitur* (5). Si une injure grave était commise par un homme que sa pauvreté ou son infamie mettaient à l'abri des conséquences ordinaires de l'action *injuriarum*, le préteur infligeait une peine corporelle au délinquant, qui ne pou-

(1) Inst. h. t. § 10 et 7.
(2) C. III, § 224.
(3) D. h. t. l. 21.
(4) D. h. t. l. 7, § 7 et 8. — l. 17, § 5. — Paul Sent. V, IV, 10.
(5) Paul Sent. V, IV, 9. — Inst., § 2 (IV-16).

vait pas être puni par une réduction de son *existimatio* (1).

Lorsqu'on exerçait l'action criminelle, les condamnations
étaient d'une excessive sévérité pour certaines injures :
l'attentat à la pudeur était puni de mort (2), le calomniateur encourait l'exil, la relégation dans une île ou la des-
titution de son ordre ; la flagellation était la peine réservée
aux esclaves, la fustigation était celle des hommes libres
de basse extraction *(humilioris loci)* (3). Enfin les auteurs
des délits prévus par la loi Cornelia étaient condamnés aux
mines, à l'exil ou aux travaux publics (4).

V

Des causes d'extinction de l'action injuriarum.

L'action *injuriarum* s'éteint de plusieurs manières :
1° Par la dissimulation : *hæc actio dissimulatione abole-
tur* (5). Une des conditions constitutives du délit d'injure
étant le ressentiment qu'éprouve celui qui la reçoit, il y
a remise tacite, si celui qui est injurié ne témoigne aucun
ressentiment *(statim passus ad animum suum non
revocaverit)* (6), s'il méprise ou pardonne l'injure. Après
l'avoir pardonnée comme après l'avoir méprisée, il ne peut
plus exercer l'action *injuriarum*.
2° Par la transaction (7). La transaction n'éteint pas l'in-

(1) D. h. t. l. 35.
(2) Paul Sent. V, IV, 4 et 14.
(3) D. h. t. l. 45.
(4) Paul Sent. V, IV, 8
(5) Inst. h. t. § 12. — D. h. t. l. 11, § 1.
(6) Inst. loc. cit. — D. loc. cit.
(7) D. loc. cit.

jure d'une manière complète ; elle laisse subsister l'infamie.
A l'égard des actions de vol, *vi bonorum raptorum*, *injuriarum*, de dol, dit Gaïus, non seulement la condamnation mais même la transaction emporte infamie : *injuriarum non solum damnati notantur ignominia, sed etiam pacti ; idque ita in edicto scriptum est, et recte* (1). La peine seule est remise, parce que la transaction, obtenue à prix d'argent ou autrement, emporte l'aveu d'un délit : *Quoniam intelligitur confiteri crimen, qui paciscitur* (2), dit Paul.

3° Par le serment (3). L'injure est éteinte de cette manière lorsque, sur la proposition du demandeur, le défendeur à l'action *injuriarum* affirme par serment qu'il n'a pas eu l'intention de l'injurier.

4° Par la mort de l'offenseur ou de l'offensé, s'il n'y a pas eu *litis contestatio*. Nous avons déjà vu que l'action *injuriarum* n'est donnée ni à l'héritier de l'offensé, ni contre celui de l'offenseur (4).

5° Par la prescription annale. La disposition par laquelle le législateur déclare l'action *injuriarum* éteinte est précise : *injuriarum actio annuo tempore praescripta sit* (5). Nous n'avons trouvé aucun texte qui fixe le point de départ de cette prescription ; nous pensons que le délai ne commençait à courir qu'à partir du jour où l'offensé avait eu connaissance de l'injure, *a die scientiae, et non a die objecti criminis*.

Cette prescription s'appliquait à l'action civile et à l'action criminelle *injuriarum* ; mais elle ne concernait pas l'injure écrite ou libelle, dont la prescription, comme nous allons le voir, était beaucoup plus longue.

(1) Gaïus C. IV, § 182. — Inst. IV, XVI, § 2.
(2) D. 1.5 (III-2).
(3) D. h. t. l. 11, § 1.
(4) D. h. t. l. 13, pr.
(5) Cod. h. t. l. 5.

VI

Du Libelle diffamatoire.

Le délit de libelle diffamatoire est un délit d'une nature particulière, que les Romains punissaient très sévèrement. Il consistait dans une composition, faite en vue de porter atteinte à l'honneur ou à l'*existimatio* d'une personne, répandue dans le public ou déposée dans un lieu public. Cette définition s'applique à tous les moyens, que l'art fournit, de donner une forme à la pensée, tels que dessins, gravures, peintures, emblèmes, inscriptions sur les murs : *Eadem pœna senatus consulto tenetur etiam is qui* εκγραμματα, *id est inscriptiones, aliudve quid sine scriptura in notam aliquorum produxerit* (1).

La loi des XII tables punissait de la peine capitale les auteurs de libelles diffamatoires et les poëtes satiriques. Une pénalité aussi rigoureuse étonne, surtout si l'on songe que les Romains empruntèrent leurs lois aux Athéniens, qui étaient très indulgents pour ce genre de délit (2). Cette différence dans la pénalité a amené certains auteurs à prétendre que les Romains n'ont pas emprunté leurs lois aux Athéniens. Cependant on n'a pas besoin d'attribuer une autre origine aux lois décemvirales pour expliquer une pareille rigueur. « L'esprit de la république, dit Montesquieu, aurait demandé que les décemvirs n'eussent pas mis ces lois dans leurs douze tables; mais des gens qui aspiraient à la tyrannie n'avaient garde de suivre l'esprit de la république... La disposition, qui dé-

(1) D. h. t. l. 5, § 10.

(2) Ce délit était puni d'une amende de cinq drachmes; deux étaient adjugés à l'offensé, les trois autres destinés au Trésor public.

couvre le mieux les desseins des décemvirs, est la peine
capitale, prononcée contre les auteurs des libelles et les
poëtes. Cela n'est guère du génie de la république où le
peuple aime à voir les grands humiliés ; mais des gens,
qui voulaient renverser la liberté, craignaient des écrits,
qui pouvaient rappeler l'esprit de la liberté (1). »

Plus tard cette peine tomba en desuétude et fut remplacée par des peines moins rigoureuses. Le jurisconsulte
Paul nous apprend que l'auteur d'un libelle diffamatoire
était condamné à la déportation ou à la rélégation dans
une île; les chansonniers et ceux qui chantent leurs chan-
sons étaient punis de la même peine (2). D'après Ulpien,
celui qui a écrit un libelle, l'a composé ou la répandu, ou
a chargé quelqu'un de l'écrire, de le composer, de le distribuer, s'il est condamné, est déclaré *intestabilis*, in-
capable d'être témoin, de tester, et de recevoir par testament. La même peine était appliquée à celui qui avait
commis ce délit par tout autre moyen de publication (3).

Mais sous les empereurs chrétiens la peine devient
encore plus terrible, et, il faut bien le dire, hors de toute
proportion avec le délit. Le Code Théodosien, qui renferme les constitutions des empereurs à partir de Constantin, contient dix lois sur les libelles diffamatoires.
Pour expliquer leur rigueur, on a pretendu qu'édictées
dans le but de protéger les chrétiens, et dirigées exclusivement contre les hérétiques, qui les poursuivaient de
leurs diffamations, elles empruntent à cette circonstance
quelque chose de politique et de transitoire.

Au commencement du IVᵉ siècle, Constantin ordonna
que l'auteur d'un libelle diffamatoire fut contraint d'ad-
ministrer la preuve du fait diffamatoire, et néanmoins
frappé de la peine capitale : « Si des libellles diffamatoires

(1) Esprit des lois, liv. VI, ch. 15 et liv. XII, ch. 13.
(2) Paul. Sent. V, IV, § 15 et 17. — Tacite Ann. XIV-50.
(3) D. h. t. l. 5, §9 et 10. — D. l. 18, § 1 (XXVIII-1).

sont trouvés, nous voulons que ceux, dont ils allèguent les actes ou qui y sont désignés, ne soient en butte à aucune calomnie, mais qu'au contraire l'auteur de l'écrit soit recherché et qu'une fois découvert il soit contraint par les moyens les plus rigoureux (*cum omni rigore cogatur*) à prouver la vérité des faits qu'il a imputés, sans néanmoins qu'il puisse se soustraire au dernier supplice, lors même qu'il prouverait la vérité de ce qu'il a écrit (1).» Une pareille loi n'a pas besoin de commentaire. Pourquoi contraindre l'auteur du libelle à fournir la preuve des faits contenus dans son libelle, si, convaincu de calomnie ou seulement de médisance, il doit encourir la même peine, et si, lorsqu'il a fait la preuve qu'on lui demande, celui, dont il a révélé des actes coupables, n'a à redouter aucune poursuite : *nam et innocens creditur cui defuit accusator, quum non defuerit inimicus* (2).

Sont assimilés aux auteurs des libelles et punis de la même peine : les lecteurs et les faiseurs de collections d'écrits diffamatoires (3) ; celui qui, ayant trouvé chez lui, ou en public, ou dans un autre lieu, un libelle diffamatoire, en a fait connaître l'existence, en a parlé à quelqu'un, ou ne l'a pas détruit avant qu'un autre le rencontre. Ainsi des actes, qui de nos jours sont considérés comme très licites, étaient punis de mort (4).

Ces dispositions législatives ont été abrogées en partie par Justinien qui, dans son Code, ne donne place qu'à une seule des dix Constitutions insérées dans le Code Théodosien, sous le titre des libelles diffamatoires. C'est la Constitution 7, par laquelle les empereurs Valentinien et Valens, après avoir enjoint à leurs sujets de dénoncer à la justice les méfaits, qui intéressent l'État, promettent

(1) Cod. Théod. C. 1 (IX-34).
(2) Cod. Théod. C. 6.
(3) Cod. Théod. C. 7.
(4) Cod. Théod. C. 8 et 10.

5

honneur et récompense à l'auteur du libelle, qui prouvera la vérité de ses imputations : *quod si adsertionibus veri fides fuerit opitulata, laudem maximam et proemium a nostra clementia consequetur*. Le calomniateur sera puni de mort : *Sin vero minime hæc vera ostenderit, capitali pœna plectetur* (1).

L'exclusion des autres Constitutions du Code Théododosien est très significative. Cette Constitution 7, d'après laquelle l'auteur du libelle, qui prouve la vérité de ce qu'il a imputé, est non seulement excusé, mais encore loué et récompensé, n'a dans le Code Théodosien qu'un caractère tout spécial. Son insertion dans le Code de Justinien, à l'exclusion des autres, lui a imprimé l'autorité d'une disposition générale. On peut donc en conclure que Justinien, abrogeant les Constitutions du Code Théodosien, a voulu généraliser le principe posé dans la loi *Eum qui nocentem* et étendre à la diffamation par écrit les immunités accordées par Paul à la diffamation par paroles. Ainsi, du temps de Justinien, la vérité du fait imputé excusait toujours l'auteur du libelle : telle est la règle, fondée sur ce motif qu'il importe à la chose publique de connaître les fautes des méchants et qu'il ne peut pas y avoir de délit à diffamer ceux qui le méritent.

Quant à la pénalité, Justinien n'a nullement modifié le Code Théodosien : il a maintenu la peine de mort contre les auteurs des libelles et contre les complices (ceux qui ont composé ou commandé le libelle, qui l'ont conseillé, écrit ou dicté, les publicateurs et détenteurs, le vendeur, l'acheteur, l'afficheur) (1). Quelques auteurs ont cependant prétendu que ces mots *capitali sententiœ, capitali pœna*, qu'on lit dans la Constitution précitée, n'indiquent pas la mort, mais désignent une peine moins cruelle, qui, faisant perdre la liberté et les droits de citoyen, entraînait

(1) Cod. C. I (IX-56).
(1) D. l. t. l. 5, § 9. — Cod. C. I. (IX-56).

la *capitis deminutio*. Mais cette opinion ne nous paraît pas fondée ; car, s'il en était ainsi, la peine du libelle eût été moindre ou tout au moins égale à celle de l'injure simple, qui, comme nous l'avons déjà vu, peut être punie non-seulement de l'exil, mais même de la fustigation (1). D'autres ont soutenu que la Constitution 1 au Code ne s'appliquait pas à tout libelle, mais seulement à celui dans lequel on reprocherait un forfait atroce et digne d'une peine capitale, et que la peine du libelle pouvait être l'exil ou la déportation, si le fait imputé ne constituait pas un crime capital ou ne méritait pas une peine plus forte que l'exil ou la déportation ; mais cette distinction n'est appuyée sur aucun texte.

L'action accordée à celui qui était injurié ou diffamé dans un libelle était l'*actio famosa*. Toutefois l'action *injuriarum* et l'action *famosa* sont employées indifféremment pour l'injure faite par écrit. Il faut admettre, afin d'expliquer la confusion qu'on remarque à cet égard dans le Digeste, que celui, dont la réputation avait été attaquée dans un libelle, pouvait renoncer à l'action *famosa* pour prendre l'action *injuriarum*.

On peut se demander si la partie lésée peut seule intenter l'action *famosa* ou si au contraire toute personne a le droit de se porter accusateur *ob carmen famosum*. Pour soutenir cette dernière opinion, on invoque ces mots du jurisconsulte Paul : *Interest publicae disciplinae*, etc., et un texte d'Ulpien, d'après lequel une récompense était accordée à celui qui faisait connaître l'auteur d'un libelle (2). Cette opinion ne nous paraît pas admissible surtout en présence du caractère privé de l'injure et de la faculté qu'a la partie lésée d'intenter soit l'action criminelle, soit l'action civile. Au surplus, la loi 6 prévoit un cas spécial, dans lequel tout individu peut intenter l'action

(1) D. h. t. l. 45.
(2) Paul Sent. V, IV, 15. — D. h. t. l. 5, § 11.

publique : ce droit est accordé à tout citoyen, lorsque le libelle ne renferme pas le nom de celui contre lequel il est dirigé. Alors, comme il n'est pas possible d'agir au civil et qu'il est de l'intérêt de la république que le libelliste ne reste pas impuni, tout individu peut poursuivre ce délit par un jugement criminel public. Si un pareil droit avait existé dans tous les cas de libelle, cette disposition législative serait complètement inutile.

Signalons, en terminant, une différence considérable entre l'injure verbale et l'injure écrite. Au point de vue de l'extinction de l'action, la prescription de l'action *injuriarum* était *annuo tempore ;* la prescription de l'action *famosa* était de vingt ans (1). Quelques docteurs voulaient même qu'elle fut perpétuelle, *per rationem quod scriptura sit perpetua, semper maneat semperque loquatur* (2).

(1) Cod. L. 16 (IX-22).
(2) Gaill, Pract. Obs. Obs. 101, p. 495.

LÉGISLATION DES PEUPLES

D'ORIGINE GERMANIQUE

Les lois des peuples d'origine Germanique, relatives aux injures et à la réparation qui est due à ceux qui ont été offensés, nous font connaitre les mœurs de ces peuples que nous traitons de barbares. Tandis que nos lois modernes ne s'attachent qu'à punir l'adultère consomné, leurs lois veillaient avec un soin tout particulier à écarter par des peines sévères tous les dangers de la séduction. Ainsi la loi salique condamne à une amende de quinze sous celui qui a pressé la main ou le doigt d'une femme, de trente celui qui a pressé le bras, de trente-cinq celui qui lui a porté la main au-dessus du coude (1), etc. Les amendes étaient aussi variées que les différentes espèces d'injure : soit celles qui résultent des actions. soit celles qui résultent des paroles.

Quant aux injures verbales, les textes n'abondent pas, et, même chez quelques peuples, Allemands, Bavarois, Saxons, etc., on ne trouve aucune trace de la diffamation ; mais en revanche, chez d'autres, les principes, relatifs à cette matière, sont exposés avec une grande netteté dans la législation : la preuve est toujours placée à côté de la plainte et de la défense, le calomniateur seul est puni.

D'après la loi salique le diffamateur, qui prouvait la vérité du fait imputé, était affranchi de toute peine : voici les dispositions remarquables que contient cette loi (1) :

(1) Loi Salique, t. XXII.
(2) T. XXII de Conviciis.

Art. V. — *Si quœ mulier ingenua aut vir mulierem meretricem clamaverit*, ET NON POTERIT ADPROBARE, *solidos XLV judicetur*.

Art. VII. — *Si quis alterum delatorem clamaverit.* ET NON POTERIT COMPROBARE, *DC denariis, qui faciunt solidos XV, culpabilis judicetur*.

Art. VIII. — *Si quis alterum falsatorem clamaverit,* ET NON POTERIT COMPROBARE, *DC denariis, qui faciunt solidos XV, culpabilis judicetur*.

Art. II (2). — *Quod si aliquis alicui impulaverit, quod se perjurasset,* ET NON POTERIT ADPROBARE, *DC denariis qui faciunt solidos XV, culpabilis judicetur*.

Art. I (3). — *Si quis alterum hereburgium clamaverit, hoc est strioportium aut qui œneum portare dicitur ubi striœ concinnant,* ET CONVINCERE NON POTUERIT, *IID denariis, qui faciunt solidos LXII cum dimidio culpabilis judicetur*.

Art. II. — *Si quis mulierem ingenuam striam clamaverit,* ET CONVINCERE NON POTUERIT, *VIID denariis* (7500), *qui faciunt solidos CLXXXVII* (187) *cum dimidio judicetur*.

La loi salique établit donc que le droit de diffamer est entier, pourvu que le diffamateur fournisse la preuve de son imputation. Qu'on reproche à une femme son inconduite (*meretricem*), qu'on l'appelle *striam* (sorcière), qu'on accuse un homme de faux témoignage, qu'on l'appelle *hereburgium* (sorcier, ayant l'emploi de porter le chaudron dans le lieu où les sorcières font leurs enchantements), on ne sera condamné que tout autant qu'on ne prouvera pas la justesse de ces dénominations.

L'édit du roi Théodoric nous fournit encore un texte, qui, tout en prohibant les dénonciations cachées, assure l'impunité à celui qui vient en justice prouver ce qu'il a

(1) Titre L.
(2) Titre LXVII.

allégué : *Occultis secretisque delationibus nihil credi
debet : sed eum qui aliquid defert, ad judicem venire
convenit,* UT SI, QUOD DETULIT, NON POTERIT ADPROBARE,
capitali subjaceat ultioni (1).

Enfin la loi Lombarde résume dans un double texte le
système des lois barbares. D'après une loi de Rotharis,
si quelqu'un traite un homme de mari trompé, il doit déclarer sous la foi du serment qu'il ne le tient pas pour tel
et payer ensuite la composition ; si au contraire il peut
prouver la vérité de son allégation, il est à l'abri de toute
peine : *Et si perseveraverit et dixerit se probare posse,
per pugnan contineal eum, si poluerit, aut certé componat* (2). Telle était la manière de prouver son dire chez
les Germains. Il est vrai que de nos jours on n'agit guère
autrement et que, comme les Germains, nous avons l'habitude de venger notre honneur par les armes.

Le second texte présente la règle suivante : si un homme
impute à une jeune fille des faits honteux, ou l'allégation
est vraie, ou elle est fausse. Dans le premier cas, le diffamateur n'encourra aucune peine ; dans le second, le calomniateur sera puni : « Si quis puellam aut mulierem liberam,
» quæ in alterius mundio est, fornicariam aut strigam
» clamaverit, et pulsatus pœnitens manifestaverit, se
» per furorem dixisse : tunc præbeat sacramentum cum XII
» sacramentalibus suis, quod per furorem ipsum nefan-
» dum crimen dixisset et non de certá causá cognovisset.
» Tunc pro ipso vano improperii sermone, quod non con-
» venerat loqui, componat sol. XX et amplius non calum-
» nietur. Nam si perseveraverit et dixerit se probare
» posse, tunc per campionem causa, id est, per pugnam
» ad Dei judicium decernatur. Et si probatum fuerit, quod
» illa de ipso crimine sit culpabilis, componat sicut in hoc
» edicto legitur : et si ille qui hec crimen mittit, probare

(1) Edictum Theoderici regis Codex Leg. Ant. par L., p. 269.
(1) De Conviciis, lib. I, tit. V.

» non potuerit, Widrigild ipsius mulieris secundum nati-
» vitatem suam componere compellatur (1). » La preuve
du fait imputé met donc à l'abri de toute peine.

Si des lois barbares nous passons aux Capitulaires des
empereurs Charlemagne et Louis-le-Débonnaire, nous
rencontrons une modification importante. La preuve n'est
pas autorisée et la vérité du fait imputé n'est pas une
excuse, lorsque le diffamateur s'adresse aux clercs, évê-
ques et autres ministre de l'Église (2) : *Injuria sacerdo-
tibus illata pro publico crimine habetur* (3), — *ad
Christum pertinet* (4). Mais la règle posée dans la loi
Salique, dans la loi des Lombards et dans l'édit de Théodoric, régissait tous les autres cas; dans les matières, qui
ne touchent en rien à la religion, la preuve est permise
et la vérité du fait allégué met le diffamateur à l'abri de
toute peine : *Qui in alterius famam publice scripturam
aut verba contumeliosa confinxerit,* ET REPERTUS SCRIPTA
NON PROBAVERIT, *flagelletur* (4).

Les chansonniers, les auteurs des libelles diffamatoires
et leurs complices sont poursuivis *extra ordinem*, condamnés à l'exil et déclarés infâmes (6).

Tel est le résumé des lois intermédiaires entre le droit
romain et les coutumes. On voit que, dans cette société
grossière et mal organisée, la diffamation avait préoccupé
le législateur, et on peut sans témérité conclure des docu-
ments législatifs, que nous venons de citer, que les lois
barbares, comme la loi athénienne et la loi romaine, ne
punissaient la diffamation que lorsqu'elle dégénérait en
calomnie.

(1) Legis Longobard. Codex Leg. Ant. lib. I, tit. XVI, par. 2.
page 561.

(2) Capit. Karoli et Ludovici liv. V, titre 186. — IV. 14.

(3) Ibid. VI, 113, 501.

(4) Ibid. VI, 98.

(5) Ibid. VII, 278.

(6) Ibid. VII, 172.

ANCIEN DROIT FRANÇAIS

Notre ancien Droit manque de règles fixes dans la matière qui nous occupe et laisse la plus grande place à l'arbitraire.

Ce n'est qu'au point de vue de l'amende que les Établissements de Saint-Louis parlent des injures : « Si quelqu'un dit des injures à un autre, ou le frappe sans le blesser, s'il l'appelle voleur ou meurtrier, et que le fait soit prouvé, il paiera cinq sols au plaignant et cinq sols à la justice. — Si l'injuriant soutient qu'il n'a pas injurié et offre de le prouver, on lui enjoindra de jurer sur l'Évangile qu'il n'a dit aucune injure et il en sera quitte pour son serment (1). »

Beaumanoir dans ses *Coutumes de Beauvoisis* ne parle que de la peine, qui varie avec la condition de l'insulté : « Se uns hons dist vilonnie à autrui, l'amende
» est de cinq saus, s'il est hons de poeste; et s'il est
» gentix hons, l'amende est de dix saus. Se uns hons dist
» vilonnie à un vaillant home, qu'il ait paine de prison,
» si que par le paine de le prison, li musart en soient
» castié. — Se vilonnie est dite devant juge, si come la où
» li bailli tient ses ples : entre gens de poeste, l'amende
» est de soixante saus, et entre gentix gens, l'amende
» est de soixante livres. — Se vilonnie est dite a prevost
» ou sergeans, d'omme de poeste l'amende est de soixante

---

(1) Lib. I, chap. 18. — et lib. II, chap. 24.

» saus et de gentil home de soixante livres (1). » Saint Louis et Beaumanoir sont muets sur la justification ou l'excuse qui pouvait résulter de la vérité du fait imputé.

Dans notre ancien droit on appelle injure tout ce qu'on dit, ce qu'on écrit, ce qu'on fait de dessein prémédité, dans la vue d'offenser quelqu'un et de lui faire affront. Elle pouvait se commettre de quatre manières : 1° par mots et paroles, en proférant contre quelqu'un des propos injurieux de nature à l'atteindre dans son honneur et sa réputation; 2° par écrit, en répandant des écrits injurieux ; 3° par menaces ou voies de fait ; 4° par geste et maintien. On commettait le délit d'injure par geste et maintien, si en deshonneur, infamie ou moquerie, on vêtissait un chaperon de deuil, si on montrait à un autre un gibet (2).

Au seizième siècle les passions religieuses donnèrent lieu à bon nombre de condamnations. Un arrêt de la Tournelle du 8 mai 1557 condamna le lieutenant général de Senlis en 200 livres parisis d'amende envers le lieutenant criminel de robe courte et en 100 livres parisis envers le roi, pour avoir témérairement dit que le lieutenant criminel n'allait point à la messe et ne recevait point son Créateur et à être mené en prison par l'huissier jusqu'à ce qu'il eut satisfait aux réparations et amendes (3).

On peut poursuivre la réparation de l'injure soit par la voie civile, soit par la voie criminelle, c'est-à-dire par exploit ou par plainte.

Quand on prend la voie civile, il faut assigner en réparation celui qui a fait l'injure devant son juge naturel. Si au contraire on prend la voie criminelle, la plainte doit être rendue devant le juge du lieu où l'injure a été faite ou dite, suivant l'art. 1 du titre 1 de l'ordonance de 1670.

(1) Beaumanoir, Coutumes de Beauvoisis, édition du comte Beugnot, par. 21, 22, 24.

(1) Domat. Suppl. au Droit publ. tit. li, par. 1. — Laurent Bouchel, Trésor du Droit français, V° Injure tome II, pages 422-423.

(1) Laurent Bouchel, loc. citat. t. I, p. 446.

Mais on ne peut pas se servir des deux voies; le choix de
l'une exclut entièrement l'usage de l'autre. Cependant
dans certains cas, quand on a pris la voie extraordinaire,
le juge peut renvoyer à procéder à fins civiles : il a ce
pouvoir, lorsqu'il reconnait par les charges et les informations que l'injure est légère et que la poursuite ne peut
donner lieu qu'à quelques déclarations et à des dommages-
intérêts; son devoir alors est de ne pas laisser continuer
la procédure criminelle. On convertit les informations en
enquête et le juge prononce sur ce qui est prouvé par
l'enquête.

La gravité de l'injure dépend de la qualité des personnes, des circonstances de fait, de lieu et de temps.

Pour simples injures verbales et légères entre personnes
du commun, il n'est pas permis d'informer : il faut sur la
plainte renvoyer les parties à l'audience, et, si le défendeur en injures verbales déclare qu'il ne les veut pas maintenir, cette déclaration est suffisante pour faire cesser et
éteindre l'action d'injure.

Toutefois, *comme il n'est pas raisonnable par
amende honorable suggérer infamie à un homme de
bien ob lubriscum linguæ*, on accorde au demandeur le
droit de faire publier le jugement pour toute réparation (1).

Il en est autrement quand les personnes ne sont pas
d'égale condition. Un laboureur, ayant dit en parlant du
brigadier de la maréchaussée qu'ils étaient lui et toute
sa brigade de la canaille et lévriers du bourreau, fut, sur
la plainte du brigadier, par arrêt du 16 mars 1743 condamné à mettre un acte au greffe, dans lequel il recon-
naissait le brigadier pour un homme de bien et non entaché
des injures mentionnées, en cent livres de dommages-in-

(1) Domat. Suppl. au Droit publ. lib. III, tit. XI, Sect. 12. — Laurent
Bouchel loc. cit. tom. II, page 115.

térèts, avec défense de récidiver sous peine corporelle (1).

L'action d'injure ne pouvait être introduite ni par l'héritier de l'injurié ni contre l'héritier de l'injuriant : *actio injuriarum neque heredi neque in heredem datur, nisi fuerit lis contestata.* Le but de l'action étant de venger un affront, celui qui est mort sans se plaindre est censé avoir remis l'offense.

Mais l'action était donnée à l'héritier, lorsque son auteur avait été diffamé après sa mort : les principes du droit romain avaient passé dans notre ancien droit. « L'injure, dit Muyart de Vouglans, se commet aussi contre les morts de même que contre les vivants comme lorsqu'on insulte à leur mémoire par des diffamations calomnieuses (2). » Sur ce point pas de difficulté. Cependant nous ne pensons point que l'héritier puisse dans aucun cas exercer l'action criminelle. Domat et de Ferrière semblent en effet indiquer que le seul droit de l'héritier est d'obtenir par la voie civile une réparation pécuniaire. « Si l'injure est faite au cadavre, à la mémoire ou au sépulcre du défunt, l'héritier est en droit d'en demander la réparation, par ce que c'est en quelque manière l'attaquer lui-même que d'insulter à la mémoire de celui à qui il a succédé et qu'il représente (3). » — « Les héritiers d'une personne, contre laquelle on aurait vomi des injures après sa mort, en pourraient aussi poursuivre la réparation, comme il a été jugé par arrêt du 15 mai 1598 rapporté par Bouvot (V° Injure quest. 33). La raison est que l'honneur du mort rejaillit sur ceux qui le représentent : c'est un bien héréditaire qui donne du relief à la famille (4). »

La peine de l'injure est arbitraire et dépend à la fois de

(1) Guy du Rousseau de la Combe. Traité des matières criminelles, 5e édit., 1re partie, chap. II, p. 96.

(2) Lois crim., p. 349.

(3) Domat, Supplément au Droit public, lib. III, tit. XI, n° 7.

(4) De Ferrière, Dict. de Droit et de prat., tome V, v° Injure, p. 57.

la légèreté ou de l'énormité de l'injure, de la qualité des personnes et des circonstances de fait. Ainsi un enfant, qui est assez dénaturé pour lever la main sur son père ou sur sa mère, est condamné à mort, quoiqu'il ne les ait pas blessés. S'il les insulte par des paroles, il est condamné à la peine des galères ou du bannissement perpétuel.

Les injures légères sont punies par des réparations en présence d'un certain nombre de personnes et par des dommages-intérêts. Brillon rapporte une sentence rendue au Châtelet de Paris (28 mars 1714), qui déclare Poulain de Beaumont, payeur de rentes, atteint et convaincu d'avoir menacé de coups de bâton M. Lecoq, Conseiller au Parlement, et Madame sa femme, et lui avoir dit des injures contraires à la dignité et le condamne à en demander pardon au roi et à la justice, et à déclarer à genoux en présence de Monsieur et Madame Lecoq et douze de leurs parents et amis, qu'indiscrètement et comme mal avisé il a dit, etc..., en 400 livres d'amende et mille livres de dommages-intérêts (1).

D'après la coutume de Bretagne (art. 674), les personnes de qualité qui injurient une personne vile en sont quittes pour une réparation pécuniaire; mais la réciproque n'est pas vraie et la peine peut aller jusqu'à la prison et même au-delà, si l'insulté est élevé en dignité et l'insulteur une personne du commun.

Entre gentilshommes les injures donnaient lieu à des réparations fixées par les règlements des maréchaux et notamment par celui du 22 août 1653. Les paroles injurieuses, qui n'avaient point été repoussées, étaient punies d'un mois de prison; le démenti ou menaces de coups, de deux mois de prison; les coups de main et autres offenses semblables, de six mois de prison; les coups de bâton et autres pareils outrages, d'un an de prison. Après avoir subi sa peine, l'offenseur était tenu de demander pardon à l'offensé et même de recevoir de lui des coups semblables

---

(1) Brillon, Dict. des arrêts, tome III, page 793.

à ceux qu'il avait donnés (art 7 et suiv.). C'était là d'ailleurs le droit d'une classe privilégiée.

Nous avons vu que dans le Droit romain et dans la législation des peuples d'origine germanique la vérité du fait imputé affranchissait le diffamateur de toute peine. Cette règle, qui au ix⁰ siècle avait cessé d'être applicable aux ministres de l'Église, finit par disparaître et fut, sous l'influence du droit canonique, remplacée dans notre ancien droit par la règle contraire. Cependant les idées du droit canonique ne furent pas partout également adoptées. Les pays de droit écrit inclinèrent quelque peu du côté de la loi *eum qui nocentem*, tandis que les pays de coutume optèrent en général pour la règle canonique : *Veritas convicii non excusat.* Voici quel était l'état de la question dans notre ancien droit.

La justice, dit Dareau, affecte de regarder les imputations, même les plus vraies, comme autant de calomnies, sans permettre à l'accusé, si ce n'est bien rarement, de vérifier la réalité des imputations pour motif d'excuse (1).

Tandis que, d'après Domat (2), on n'est point exempt de la peine d'injure, lors même que les faits injurieux ne contiendraient rien, qui ne fut conforme à la vérité même publique, d'autres auteurs font des distinctions entre la chose jugée et celle qui ne l'est pas. Brillon (3) rapporte un arrêt, d'après lequel un individu, qui avait dit à un autre que son père avait été pendu, est renvoyé absous. La loi *Eum qui nocentem*, dit cet auteur, permet d'injurier la personne du crime dont elle a été convaincue, parce qu'il entre dans les intentions de la justice que ceux, qu'elle a condamnés et punis, soient exposés à une honte et à une infamie perpétuelle, qui peut corriger les autres. Cette observation nous fait connaître quelles sont les injures

(1) Traité des Injures, tome I, chap. I, Sect. I, n⁰ 5.
(2) Loc. cit. Sect. XIII.
(1) Loc. cit. t. III, p. 787.

véritables qu'on peut proférer et quelles sont les vérités qu'on doit taire. Qu'une femme, par exemple, soit aux yeux et dans l'opinion du public en mauvais commerce, il ne sera pas permis de lui reprocher sa conduite, parce qu'il n'y a eu accusation ni condamnation. C'est la condamnation seule qui autorise le reproche, parce que ce reproche est le complément de la peine due à sa mauvaise conduite. Mais Brillon est en contradiction avec d'Argentré, qui, sur l'article 627 de la coutume de Bretagne, dit qu'il n'est pas permis de dire à quelqu'un une injure, quoique vraie, et qui prétend avoir vu des hommes, fouettés publiquement, obtenir des réparations parce qu'on leur avait reproché leur infamie, et avec Dareau (1), qui cite un arrêt du 19 avril 1670, portant condamnation contre un individu qui avait qualifié de faussaire un greffier, quoique ce dernier eût réellement été condamné pour fabrication de pièces fausses. Enfin, d'autres auteurs prohibent la preuve, lorsque l'imputation porte sur un crime que le diffamé a expié ou dont le prince lui a fait remise.

Mais la règle *veritas convicii excusat* était applicable, si on disait à quelqu'un des injures pour en repousser d'autres ; dans ce cas, il suffisait que les injures eussent le caractère de la vérité pour que l'excuse fût admise.

Dans notre ancien droit, comme dans dans le droit Romain, des peines d'une sévérité excessive étaient édictées contre les auteurs des libelles diffamatoires, et leurs complices.

La peine du libelle diffamatoire, dit Serpillon (2), est afflictive ordinairement, quelquefois capitale. Jousse, pour montrer la gravité de ce crime, l'appelle une sorte d'homicide.

L'ordonnance de Moulins dans son article 77 déclare

(1) Loc. cit. t. II, p. 405.
(2) Code crim. t. I, 1re partie, p. 138.

infracteurs de paix et perturbateurs du repos public les scripteurs, imprimeurs et vendeurs de libelles diffamatoires, et commande à tous ceux qui ont de tels livres de les brûler dedans trois mois. Enfin l'ordonnance de Saint-Germain-en-Laye (17 janvier 1561) punit de la peine du fouet et en cas de récidive de la perte de la vie :

« Voulons que tous imprimeurs, semeurs et vendeurs de placards et libelles diffamatoires soient punis pour la première fois du fouet et pour la seconde de la vie (art. 13).

Les parlements sévissent avec rigueur. En 1712, les vers de Jean-Baptiste Rousseau reconnus diffamatoires le firent condamner au bannissement perpétuel. Le 2 février 1716. le parlement de Paris condamne Nicolas Duval, prieur de Cinq-Mars en Tourraine, à comparoir en la chambre de la Tournelle, les grandes chambres et la Tournelle assemblée, et là nu-tête et à genoux dire et déclarer que méchamment il a composé un libelle contenant plusieurs faits injurieux et calomnieux contre les personnes y dénommées et contraires au respect par lui dû à Monseigneur l'archevêque de Tours et à ses officiers; ce fait, banni pour cinq ans de la ville, prévoté et vicomté de Paris, de la province de Tourraine, en 10 livres d'amende et en 300 livres de réparations envers les personnes y dénommées (1).

Il n'est pas permis de dire des injures dans une plaidoirie ni dans les mémoires et diverses pièces d'un procès. Les requêtes et autres pièces d'écriture, qu'on produit dans les procès, doivent être mises au nombre des libelles diffamatoires, quand elles contiennent des paroles injurieuses ou des faits qui portent atteinte à la réputation des parties : il n'en faut excepter que les faits qui sont véritables et dont l'exposition est absolument nécessaire pour la décision du procès (1). Ainsi les reproches, proposés contre

(1) Brillon, loc. cit. tome IV, page 108.
(2) Domat. loc. cit. Sect. III.

un témoin ou contre un expert, ne doivent pas être regardés comme une injure, lorsqu'ils sont pertinents et vérifiés, parce que alors ils sont proposés par voie d'exception et non dans le dessein d'injurier ; mais ceux, qui proposeront des moyens de reproche calomnieux, seront punis à l'arbitrage du juge en égard à la grandeur de la calomnie (art. 41 ord. 1539). Enfin d'après l'article 2 du titre XXXIII de l'ordonnance de 1667, s'il est avancé pour reproches contre un témoin qu'il a été emprisonné, mis au secret, condamné ou repris de justice, ces faits seront réputés calomnieux, s'ils ne sont pas justifiés par écrit.

CODE PÉNAL DE 1810

De 1789 à 1810, les dispositions législatives, relatives à notre matière, sont fort imparfaites. Sous l'empire du Code du 3 brumaire an IV, la calomnie, qui se commettai par des écrits anonymes ou signés, n'était pas qualifiée délit et n'était passible d'aucune peine : elle pouvait seulement donner lieu à des réparations civiles. Si elle avait été commise verbalement, elle était punie d'une amende, qui ne pouvait excéder la valeur de trois journées de travail ou d'un emprisonnement de trois jours au plus (art. 605). Il existait cependant un cas où celui qui commettait ce genre de calomnie encourait la peine capitale : c'était lorsque les écrits calomnieux consistaient en lettres anonymes ou signées de noms supposés, qui tendaient à faire réputer les personnes, auxquelles on les adressait, complices d'un crime attentoire à la sureté générale de l'Etat (décret du 6 floréal an II) (1).

Le Code pénal de 1810 n'avait pas adopté le mot diffamation ; on n'y rencontrait que celui de calomnie. Ses dispositions n'ont plus qu'un intérêt historique depuis la loi du 17 mai 1819.

Les caractères essentiels du délit de calomnie étaient : 1° l'imputation contre une personne d'un fait de nature à l'exposer à des poursuites criminelles ou correctionnelles ou tout au moins au mépris de ses concitoyens ; 2° la publicité de l'imputation. Etait réputé coupable du délit de

(1) Merlin, Répertoire V° Calomnie, n° 3.

calomnie celui qui soit dans des lieux ou réunions publics, soit dans un acte authentique et public, soit dans un écrit imprimé ou non, qui avait été affiché, vendu ou distribué, avait imputé à un individu quelconque des faits qui, s'ils avaient existé, auraient exposé celui contre lequel ils étaient articulés à des poursuites criminelles ou correctionnelles, ou même l'auraient seulement exposé au mépris ou à la haine des citoyens. Cette disposition n'était pas applicable aux faits dont la loi autorisait la publicité, ni à ceux que l'auteur de l'imputation était, par la nature de ses fonctions ou de ses devoirs, obligé de révéler ou dé réprimer (art. 367). Dans le système du Code pénal, toute imputation, à l'appui de laquelle la preuve légale n'était point rapportée, était reputée fausse. En conséquence l'auteur de l'imputation ne pouvait pas prouver par témoins la vérité des faits : il ne pouvait pas non plus alléguer comme moyen d'excuse que les pièces ou les faits étaient notoires, ou que les imputations qui donnaient lieu à la poursuite étaient copiées ou extraites de papiers étrangers ou d'autres écrits imprimés (art. 368). Les calomnies mises au jour par la voie de papiers étrangers pouvaient être poursuivies contre ceux qui avaient envoyé les articles ou donné l'ordre de les insérer, ou contribué à l'introduction ou à la distribution de ces papiers en France (art. 369). Lorsque le fait imputé était légalement prouvé vrai, l'auteur de l'imputation était à l'abri de toute peine. On ne considérait comme preuve légale que celle qui résultait d'un jugement ou de tout autre acte authentique (art. 370).

Lorsque la preuve légale n'était pas rapportée, le calomniateur était puni selon la gravité de l'imputation, dont il était l'auteur. Si le fait imputé était de nature à mériter la peine de mort, les travaux forcés à perpétuité ou la déportation, le coupable était puni d'un emprisonnement de deux à cinq ans et d'une amende de deux cents francs à cinq mille francs; dans tous les autres cas, l'emprisonnement était d'un mois à six mois et l'amende de cinquante francs à deux mille francs (art. 371). Le calomniateur était, en outre, à compter du jour où il avait subi sa peine, interdit pendant cinq ans au moins et dix ans au plus des droits mentionnés dans l'article 42 du Code pénal (art. 374).

Lorsque les faits imputés étaient punissables suivant la loi, et que l'auteur de l'imputation les avait dénoncés, il était, durant l'instruction sur ces faits, sursis à la poursuite et au jugement du délit de calomnie (art. 372). Le sursis fournissait au prévenu le moyen d'obtenir et de rapporter la preuve légale.

En résumé, sous l'empire du Code pénal de 1810, la preuve du fait diffamation était admise en principe, et l'auteur de l'imputation, qui prouvait la vérité des faits, était à l'abri des peines de la calomnie; mais la preuve légale, c'est-à-dire celle résultant d'un jugement ou d'un acte authentique, était seule reçue. Ainsi ni la notoriété publique, ni la preuve par témoins, ni l'insertion du fait imputé dans les papiers étrangers ou autres écrits, ne pouvaient être invoquées pour faire disparaître le délit de calomnie.

DROIT FRANÇAIS

DE LA DIFFAMATION ENVERS LES PARTICULIERS

La diffamation est, d'après son étymologie latine, l'acte par lequel on répand (*dis* et *famare*) un propos ou un écrit touchant la réputation d'autrui : on diffame une personne en enlevant à sa réputation quelque chose de ce qui la constitue, en la faisant mauvaise, si elle est bonne, et réciproquement. Ce mot n'est employé aujourd'hui qu'en mauvaise part, et la loi n'a du et ne devait se préoccuper que du premier cas, c'est-à-dire des atteintes portées à la réputation des citoyens, qu'elle présume toujours bonne.

D'après l'article 13 de la loi du 17 mai 1819 la diffamation consiste dans « toute allégation ou imputation d'un fait, qui porte atteinte à l'honneur ou à la considération de la personne ou du corps, auquel ce fait est imputé. » Il ne faut pas confondre, ainsi qu'on le fait quelquefois, la diffamation et la calomnie. Tandis que la calomnie est un mensonge, ayant pour objet d'attribuer méchamment à autrui un acte qu'il n'a pas commis, la diffamation est l'imputation de cet acte, soit qu'il ait été commis, soit qu'il ne l'ait pas été par celui auquel il est imputé. La diffamation est tantôt une médisance, tantôt une calomnie, et la loi de 1819 punit également ces deux faits, qui sont pourtant si différents.

La définition donnée par l'article 13, n'est pas complète, l'art. 14 ajoute : « La diffamation, commise par l'un des moyens énoncés en l'art. 1 de la présente loi, sera punie d'après les distinctions suivantes. » L'art. 1 parle de la publication, qui est un élément substantiel de la diffamation.

Le délit de diffamation se compose donc de deux éléments parfaitement distincts : 1° l'allégation ou l'imputation d'un fait, qui porte atteinte à l'honneur ou à la considération d'une personne ou d'un corps ; 2° la publication. A ces deux éléments il faut en ajouter un troisième, commun à presque tous les délits, qui est l'intention de nuire, l'intention de diffamer, *animus injuriandi.*

I

Allégation ou imputation d'un fait qui porte atteinte à l'honneur ou à la considération de la personne.

§ 1.

Allégation et imputation.

L'article 367 du Code pénal ne parlait que de l'imputation ; la loi du 17 mai, substituant la diffamation à la calomnie, a ajouté l'allégation.

« L'allégation et l'imputation, disait M. de Courvoisier dans son rapport, ne sont point synonymes. Imputer, c'est affirmer ; alléguer, c'est annoncer sur la foi d'autrui, ou laisser à l'assertion l'ombre du doute. » Dans le premier cas, on attribue un acte à autrui en lui en rapportant le mérite ou le démérite; dans le second, on propage un ouï-dire, un bruit, qui n'est ni prouvé ni contredit.

Il y a diffamation, lors même qu'on ne ferait que répéter le propos diffamatoire, qui aurait déjà été tenu par une ou plusieurs personnes. S'il en était autrement, il serait trop facile au diffamateur de préparer lui-même sa défense en faisant préalablement circuler la diffamation.

On ne pourrait pas invoquer comme excuse la notoriété publique. En effet, il est de principe général en matière de diffamation que même la vérité légale, celle résultant d'un jugement passé en force de chose jugée, ne peut dans aucun cas servir de justification à l'imputation. Le Code pénal, qui autorisait comme moyen d'excuse la preuve légale, ne permettait pas d'invoquer la notoriété publique (art. 268); or la loi de 1819 s'est montrée encore plus sévère que le Code pénal : ce qu'elle veut réprimer, ce n'est pas la calomnie, c'est l'intention de nuire, manifestée par l'imputation d'un fait vrai ou faux.

Peut-on commettre le délit de diffamation en publiant frauduleusement un écrit sous le nom d'un tiers? Pour résoudre cette question, il faut distinguer les différentes formes que peut prendre l'écrit et les diverses portées qu'il peut avoir.

Si on publie sous le nom d'une personne une lettre dans laquelle cette personne est censée faire des aveux qui la diffament, si, par ex., dans cette lettre, qu'on lui attribue, elle raconte une scène de débauche, à laquelle elle aurait pris part, il est évident qu'il y a diffamation, et elle est d'autant plus grave que son auteur a mis plus d'audace et de perfidie dans les moyens de l'exécuter.

Il faudrait décider de même, si l'écrit renfermait une dénonciation ou une diffamation contre une tierce personne. Mais, dans ce cas, y aurait-il diffamation à la fois contre celui dont on a emprunté le nom et celui qu'on a diffamé par ce moyen? Quel est le fait qui constituera l'imputation ?, le fait de l'écrit supposé ou le fait diffamatoire qu'il contient? Pour trancher la difficulté qui, selon nous, repose sur une question d'intention, imaginons uue espèce. Pierre publie sous le nom de Paul l'écrit suivant : « Je vous préviens que Jean m'a volé mille francs, signé Paul ». Si Pierre n'a emprunté le nom de Paul que pour donner plus de poids à la diffamation ou pour échapper aux poursuites, si en un mot il n'a eu qu'un but, celui de nuire à Jean, il sera coupable envers ce dernier, mais non envers Paul, qui n'aura contre lui qu'une action civile en réparation du dommage, que lui aura occasionné l'écrit supposé. Mais si, au contraire, Pierre, n'ayant pas l'intention de nuire à Jean, a voulu seulement, en le faisant passer pour l'auteur de la diffamation, porter atteinte à la considération de Paul et l'exposer à des poursuites correctionnelles, le délit n'existera qu'à l'égard de Paul. Dans ce cas, Jean n'aura contre Pierre qu'une action civile en réparation du préjudice qu'aura pu lui causer l'imputation dont il a été l'objet.

Enfin l'imputation peut se cacher sous la forme de l'ironie, de l'allusion, de l'antiphrase. Ainsi une personne, qui dirait à une autre : « Je ne suis pas un faussaire, moi. Je n'ai pas été condamné pour faux, » aurait évidemment l'intention de la traiter de faussaire. Toutefois de pareils propos ne 'peuvent constituer ce que la loi appelle une imputation ou une allégation que tout autant qu'ils se réfèrent à un fait déterminé et précis. Le Code Brésilien renferme à ce sujet une disposition remarquable par sa sagesse (art. 240). Celui qui se croit offensé a le droit de demander à l'auteur du propos des explications en justice ou extra-judiciairement. En cas de refus, ce dernier est condamné comme si l'imputation était précise.

§ 2.

Fait allégué ou imputé.

C'est le fait allégué ou imputé qui constitue la diffamation. Tandis que cet élément matériel n'avait aucune influence en droit romain sur la qualification de l'injure, la loi de 1819 en fait le caractère typique du délit de diffamation.

Le fait doit être déterminé et précis. Ainsi ces imputations : *assassin, voleur, mouchard, lâche, faux témoin,* quoiqu'elles supposent l'existence de faits d'assassinat, de vol, etc., manquant de précision et n'offrant à l'esprit qu'un sens indéterminé, ne peuvent pas constituer une diffamation, parce que le reproche contenu dans ces qualifications est d'autant plus vague qu'il est plus généralisé. Cela est si vrai qu'on entend tous les jours répondre : dis donc qui j'ai assassiné, fais connaître ce que j'ai volé.

C'est là ce qui distingue la diffamation de l'injure. Mais ce serait aller trop loin que de prétendre que toutes les qualifications manquent du caractère déterminé et précis, qui constitue la diffamation. Certaines, telles que *galérien, banqueroutier,* ont ce caractère. Traiter en effet quelqu'un de galérien, c'est préciser un fait, l'idée d'une condamnation infamante, c'est lui imputer d'avoir séjourné au bagne.

De même, dire d'un homme qu'il est adultère, qu'il vit en concubinage, ce sera sans doute se rendre coupable envers lui d'une injure très-grave; mais comme cette imputation manque de précision, on ne peut pas dire qu'il y a diffamation dans le sens de la loi. L'imputation serait suffisante et la diffamation serait commise, si l'on ajoutait que c'est avec Marie qu'il entretient des relations adultères.

Nous ne pensons pas que l'imputation d'avoir volé un cheval, quoique le fait soit déterminé, constitue une diffamation. La précision manque, et il faudrait des circonstances de temps, de lieu, propres à donner à l'imputation plus de précision. Le devoir du juge est de rechercher, s'il y a dans le fait imputé la précision suffisante, et il doit faire connaître dans son jugement la raison déterminante de son appréciation.

L'imputation de la tentative d'un fait, réprouvé par la loi ou seulement contraire à la morale, quoique cette tentative ne présente pas les caractères de celle prévue et punie par la loi, doit-elle être considérée comme une diffamation ? Évidemment. Celui, qui serait l'objet d'une pareille imputation, éprouverait une atteinte dans son honneur et sa considération, ce qui est suffisant pour entraîner l'application de l'article 13 de la loi de 1819. D'ailleurs, dans ce cas, l'imputation concerne le fait de la tentative. Mais si l'on se contentait de dire qu'un tel a l'intention de faire un acte répréhensible, il n'y aurait pas diffamation : on aurait énoncé un soupçon, une opinion personnelle, mais on n'aurait pas imputé un fait.

La même solution doit être adoptée dans le cas où l'imputation revêtirait une forme hypothétique. Pierre dit que, si Paul a commis tel fait, il est un fripon. L'imputation pèche par le défaut de précision, car Pierre n'affirme rien : s'il exprime son opinion, c'est plutôt sur la moralité d'un acte que sur celui qui l'a commis, puisqu'il ne dit pas qu'il en est l'auteur : celui qui emploie la forme hypothétique n'admet ni ne rejette la supposition : au surplus, si l'on y regarde de bien près, on verra qu'il est plus près de la repousser que de l'admettre.

L'imputation d'un fait impossible peut, selon les cas, constituer ou ne pas constituer une diffamation. Il faut distinguer entre les faits, reconnus impossibles par toute personne autre qu'un fou, et les faits dont l'impossibilité n'est évidente que pour les esprits sensés. Imputer à quel-

qu'un d'avoir volé les tours de Notre-Dame, ce ne sera
pas le diffamer; il en serait autrement, si dans les campa-
gnes, au milieu d'une population ignorante et supersti-
tieuse, on lui imputait des faits de sorcellerie; pour aussi
impossibles que soient de pareilles imputations, elles peuvent causer un tort réel à ceux qui en sont l'objet.

Le fait imputé doit nécessairement résulter d'un acte
propre au plaignant. En effet, la diffamation consiste, aux
termes de l'article 13, dans l'imputation d'un fait qui porte
atteinte à l'honneur ou à la considération de la personne
ou du corps auquel le fait est imputé. Or qu'est-ce qu'imputer un fait à une personne? C'est affirmer que cette personne a agi de telle ou telle manière, qu'elle a commis
elle-même ce fait. Voilà évidemment le sens textuel de l'article 13. Dire méchamment de quelqu'un qu'il a frappé,
c'est lui imputer un fait de nature à porter atteinte à son
honneur ou à sa considération : alléguer au contraire qu'il
a été frappé, c'est alléguer un fait, dont il n'est pas l'auteur, dont il a été victime. Dans l'espèce, l'action sera le fait
d'un tiers ou du prévenu ; le plaignant, loin de l'avoir
commise, en aura souffert. Voilà pourquoi nous pensons
qu'il est impossible d'appliquer ici la définition légale,
d'après laquelle le fait doit être imputé à la personne
même qui se plaint de l'imputation. Tel est le sens de
l'article 13, très-nettement indiqué d'ailleurs par l'an-
cienne législation, par l'article 367 du Code pénal : « sera
coupable de calomnie celui qui dans des lieux... aura
imputé à un individu quelconque des faits, qui, s'ils existaient, exposeraient celui, contre lequel ils sont articulés,
à des poursuites criminelles ou correctionnelles. » De quels
faits a voulu parler l'article 367? Évidemment de faits
purement personnels au plaignant, des seuls qui puissent
déterminer une imputabilité : le mot calomnie exclut l'i-
dée de tout fait non imputable à la personne attaquée.
S'il en était ainsi sous l'empire du Code pénal, pourquoi
n'en serait-il pas de même sous l'empire de la loi du 17

mai ! Le système de cette loi est le même que celui du Code pénal, et, s'il diffère en quelque chose, c'est en ceci, que, tandis que, sous l'empire du Code pénal, l'intention de nuire résultait de la présomption légale de la fausseté du fait imputé, elle résulte, sous la loi de 1819, du dommage possible, abstraction faite de la vérité ou de la fausseté du fait imputé.

Enfin, l'imputation peut concerner non seulement un fait positif, mais aussi un fait négatif. Nous en avons trouvé un exemple dans le droit Coutumier : la condamnation du lieutenant de Senlis nous paraît juste. Imputer à quelqu'un de ne pas remplir ses devoirs religieux, c'est alléguer des faits, qui, selon la position du plaignant, le milieu dans lequel il vit, peuvent lui causer un tort considérable et doivent constituer une diffamation.

§ 3.

Faits contraires à l'honneur et à la considération.

Les mots *honneur, considération*, sont loin d'être synonymes. L'honneur tient surtout à la probité, à la loyauté, à ce je ne sais quoi que chacun apprécie et qu'il est difficile de définir; la considération s'entend de l'estime, que chacun peut avoir acquise dans l'état qu'il exerce. L'honneur tient à la personne et peut se passer de l'opinion; la considération vient du dehors, de l'opinion que les autres ont de nous, et ce qui donne la considération, ce sont moins les mérites qu'on a que ceux qu'on paraît avoir. La considération ne suppose pas l'honneur et réciproquement : un homme considéré peut être sans honneur et un homme d'honneur sans considération.

« Tout ce qui, disait le rapporteur, M. de Courvoisier, touche à la réputation, à la probité, touche à l'honneur, et l'on peut, sans blesser l'honneur, porter atteinte à la considération. » Ainsi imputer à quelqu'un un meurtre, un faux, un vol, c'est porter atteinte à son honneur, parce qu'on attaque sa probité ; mais dire d'un négociant qu'il a été inhabile dans telle spéculation et qu'il a éprouvé des pertes considérables, c'est assurément laisser son honneur intact, et c'est cependant nuire à la considération, dont il jouit. « Un sens du mot *considération*, disait M. Marcel de Serre, auquel le mot *honneur* ne répond pas du tout, c'est particulièrement, si j'ose me servir de ce terme, la considération professionnelle, l'estime, que chacun peut avoir acquise dans l'état qu'il exerce, estime, qui fait une partie de sa fortune, qui est pour lui une propriété, un capital précieux, que la diffamation peut évidemment atteindre sans porter atteinte à son honneur ; car on peut être homme d'honneur, n'être pas diffamé comme tel et l'être, par exemple, dans les autres qualités morales, qui font un bon négociant, un bon avocat, un bon médecin. En un mot, un homme quelconque a mérité par ses actions une portion d'estime, il a acquis une mesure de considération morale parmi ses concicoyens, eh bien! voila le patrimoine que la loi doit protéger et défendre, et c'est l'objet de l'article. »

Il importe de remarquer qu'aussi bien pour l'honneur que pour la considération la gravité des faits dépendra de la position sociale et de l'éducation du plaignant. Ce ne serait pas en effet porter la même atteinte à leur considération que de reprocher à un prêtre et à un soldat une scène de débauche. De même, telle imputation peut constituer ou ne pas constituer une diffamation selon les personnes. Un avoué peut être fier du cadeau que lui aura fait un plaideur, tandis que, si on adressait à un juge une pareille imputation, on commettrait à son égard une diffamation des plus graves.

Est-il nécessaire, pour que la diffamation existe, que le fait allégué ou imputé porte réellement atteinte à l'hon-

neur ou à la considération? Au premier abord il semble-
rait qu'une atteinte, réellement portée, est nécessaire et
que cette condition est exigée par l'article 13. Mais il ne
doit pas en être ainsi. De ce que l'imputation diffamatoire
n'a produit aucun résultat, parce qu'elle était adressée à
un homme placé très-haut dans l'estime publique, de ce
qu'il n'y a pas eu de dommage causé, on ne doit pas en
conclure que le délit n'existe pas : ce serait décider que le
délit s'amoindrit et disparait avec la perversité du diffamateur et la probité du diffamé. Que pour l'application
de la peine on tienne compte des résultats, on le comprend. Mais ce qu'il ne faut pas perdre de vue, c'est que la
loi de 1819 a voulu, comme le Code pénal de 1810, réprimer
l'allégation ou l'imputation de tout fait qui serait de nature à porter atteinte à l'honneur ou à la considération.

Commet-on une diffamation en imputant à une fille
publique un fait de prostitution? Nous le pensons, bien
qu'on puisse soutenir qu'il est impossible de porter atteinte
à l'honneur ou à la considération d'une personne qui n'a
ni honneur, ni considération. En effet, le législateur n'a
pas distingué entre la calomnie et la médisance, et il a
défendu au diffamateur de se prévaloir de la vérité du fait
diffamatoire : la preuve légale elle-même n'est pas permise ; à plus forte raison est-il défendu au diffamateur de
rapporter un extrait des archives de la police, constatant
l'infâme métier de la personne diffamée. Qu'on tienne
compte, pour l'appréciation de l'intention de nuire, de la
conduite de cette fille, du métier qu'elle exerce, cela se
conçoit ; mais, cette intention existant, il suffit, pour
constituer la diffamation, que le fait soit de nature à porter atteinte à l'honneur ou la considération.

On commettrait également le délit de diffamation, si on
reprochait à un homme marié ou non d'entretenir des
relations illicites avec une femme. Une pareille imputation
doit renfermer nécessairement une double diffamation :
elle doit être dirigée à la fois contre un homme et contre

une femme; ce n'est qu'à cette condition que l'imputation d'un fait précis peut exister.

La diffamation, étant un fait réprouvé par la loi, doit porter atteinte à l'honneur et à la considération de celui qui s'en est rendu coupable. Ce serait par conséquent diffamer quelqu'un que de lui imputer une diffamation. Mais le délit ne peut pas résulter de l'épithète isolée de diffamateur : l'indication d'un fait précis manquant, ce ne serait qu'une simple injure.

Il n'est pas vrai de dire d'une manière générale que l'imputation d'un fait, non défendu par la loi, ne peut jamais constituer une diffamation. De cela seul qu'un fait ne tomberait pas sous l'application de la loi pénale, il ne faut pas en conclure qu'on peut impunément l'imputer à autrui. Il faut distinguer entre les actes expressément autorisés par la loi et ceux qui ne sont protégés que par son silence. L'imputation des premiers n'est jamais diffamatoire; mais il en est autrement de celle des seconds, et ce serait commettre une diffamation des plus graves que de reprocher à quelqu'un de séduire des mineures pour satisfaire ses propres passions, quoique ce fait ne tombe pas sous l'application de l'article 334 du Code pénal, de lui imputer des faits de fraude, qui, n'ayant pas les caractères ni de l'abus de confiance, ni de l'escroquerie, ne sont pas punis par la loi pénale, etc.

Peut-on diffamer une personne en lui imputant des faits de nature à la ridiculiser? En d'autres termes, le ridicule peut-il porter atteinte à la considération? M. Chassan pense que la diffamation ne peut pas exister (1). Cette opinion est trop absolue: nous pensons qu'il faut distinguer. Ainsi nous ne verrions pas le délit de diffamation dans le fait de publier sous le nom d'un portier un mauvais poème afin de le rendre ridicule, tandis que ce serait porter une réelle atteinte à la considération professionnelle

(1) Chassan, des Délits de la parole et de l'écriture t. 1, p. 319.

d'un écrivain, si on lui attribuait une pareille publication,
C'est ainsi que le critique Geoffroy fit comdamner Cu-
bières-Palmezeaux pour avoir publié sous son nom une
mauvaise tragédie intitulée la Mort de Caton. Nous trouvons dans la *Gazette des tribunaux* du 2 avril 1842 une
condamnation, également intéressante à ce point de vue :
celle du journal le *Globe* pour avoir imputé au sieur Au-
bry-Foucault, rédacteur de la *Gazette de France*, d'être
le valet de chambre de son rédacteur en chef et de mieux
s'entendre à manier le plumeau que la plume. C'est en vain
que le *Globe* soutint que sa plaisanterie n'avait porté atteinte ni à l'honneur, ni à la considération du sieur Aubry,
il fut condamné pour diffamation, et il devait l'être, car il
attaquait le sieur Aubry dans sa considration professionnelle.

Nous sommes ainsi amené à nous demander quels sont
les droit de la critique. Nous croyons qu'on doit lui accorder la plus grande latitude et qu'elle ne sera répréhensible que si elle attaque l'écrivain, le peintre, le sculpteur
dans sa vie privée. Qu'elle puisse donc tout à son aise
diffamer dans les brochures et les journaux un livre, un
tableau, pouvu que l'œuvre ne soit pas le prétexte de la
diffamation et l'écrivain le véritable but : qu'elle puisse
proclamer que tel livre renferme des propositions absur-
des, qu'elle ait carte blanche pour s'attaquer au langage,
au style, au sujet, que la considération de l'écrivain soit
en un mot livrée aux caprices de l'opinion et à toutes les
chances de la publicité, qu'il pouvait éviter, pourvu que
ces critiques ne l'attaquent pas dans sa vie privée, dans
sa probité professionnelle. Alléguer d'un écrivain des infi-
délités dans les citations, accuser un peintre de produire
comme un original un tableau qui ne serait qu'une copie,
ce serait attaquer la bonne foi, l'honnêteté, la probité
professionnelle de l'écrivain, du peintre, ce serait les diffamer.

A plus forte raison, quand il s'agira de cette condération

que nous appellerons politique, pensons-nous qu'il faut étendre ces principes. Sans doute la loi dit en termes absolus que l'atteinte à la considération d'autrui est punissable, mais il ne doit pas toujours en être ainsi. Dans un pays libre, on doit en certains cas et dans une certaine mesure avoir le droit de porter atteinte à la considération des personnes, car ce droit est une conséquence des institutions. Ainsi la conduite des députés, des journalistes, doit pouvoir être librement discutée; ce sont en effet des hommes politiques dont on doit pouvoir attaquer la considération. Il doit être permis de publier que tel député a fait acte d'ignorance en votant telle loi, que le journaliste en publiant tel article a excité les mauvaises passions et prêché la guerre civile.

Il doit en être de même du candidat à une élection. Du moment qu'il est assez hardi pour briguer l'honneur de représenter ses concitoyens, il doit ouvrir sa vie aux investigations de tous, et tous doivent avoir le droit de discuter les qualités nécessaires à un représentant du pays, probité, capacité, courage. Un examen sévère doit être permis, pourvu qu'il soit sérieux et digne.

La vie littéraire et la vie politique doivent donc être abandonnées presque sans restriction à la censure et à la critique. D'ailleurs la loi, protectrice vigilante de tous les intérêts, a su remédier aux dangers, qui pouvaient se produire, en permettant à l'homme, injustement attaqué dans un journal ou un écrit périodique, de répondre, pour repousser les commentaires de mauvaise foi, faits à sa conduite ou à ses œuvres (art. 11 de la loi du 25 mars 1822).

§ 4.

Désignation de la personne.

Il est évident que, pour qu'une personne puisse se plaindre d'avoir été diffamée, il faut nécessairement qu'elle

7

ait été désignée. Mais dans quel cas une personne sera-t-elle suffisamment désignée? Est-il nécessaire qu'elle soit nommée? Nous ne le pensons pas; car, si la désignation devait être nominale, les dispositions de la loi seraient à peu près superflues, puisqu'il est très facile de diffamer sans nommer les personnes. Cet élement du délit de diffamation existera, quoique la personne ne soit pas nommée, si elle est désignée dans l'imputation d'une manière suffisante, pour qu'aucun doute ne soit possible. Cette interprétation est conforme à la raison, aux principes du Droit romain qui décidait même que dans le cas, où une imputation injurieuse n'était pas accompagnée du nom de la personne injuriée, l'action publique était ouverte contre l'auteur de l'injure : elle est conforme à l'article 6 du projet de loi de l'an V sur les délits de la presse : « Lorsqu'une imputation offensante sera dirigée contre un individu, qui ne sera désigné que d'une manière indirecte, comme par une ou plusieurs lettres de son nom, par des indications de lieux, de temps, de profession, de fonctions ou autres quelconques, celui qui se croira désigné aura action contre l'auteur de l'imputation. » Telle était aussi l'opinion de Portalis qui, dans son rapport sur ce projet de loi disait que « l'action ne peut être contestée à la personne clairement désignée et qu'on ne doit autoriser aucun subterfuge, tendant à éluder frauduleusement cette action (1). » Cette interprétation est enfin confirmée par l'article 11 de la loi du 25 mars 1822, qui indique d'une manière assez explicite que la simple désignation de la personne suffit pour donner ouverture à l'action.

Lorsque la personne diffamée n'aura pas été nommée, lorsqu'elle sera seulement désignée, il faudra faire une distinction entre la diffamation par la parole et la diffamation par l'écriture. Il faudra plus de précision dans une imputation orale que dans une imputation écrite, et telle

(1) Choix de Discours et Rapports t. 16, p. 105.

diffamation, qui ne sera pas assez précise, pour constituer une diffamation orale, le sera assez pour constituer une diffamation écrite : *Verba volant, scripta manent.*

La présence de la partie, contre laquelle l'imputation est dirigée, n'est pas nécessaire. De même qu'elle n'était pas exigée en Droit romain (1), de même aujourd'hui cette circonstance nous paraît être tout-à-fait indifférente, et ce serait à tort qu'on appliquerait la règle de la coutume de Bourgogne, qui ne punissait l'injure, proférée en l'absence de la partie, qu'autant qu'elle était réitérée.

Le mot corps dont parle l'art. 13 de la loi du 17 mai 1819, est pris dans une acception générale, il est opposé au mot personne et désigne la personne morale, représentant une collection d'individus, agissant soit dans un intérêt privé, soit dans un intérêt public.

II

De la publicité.

C'est de la nature elle-même et non de la loi écrite que l'homme tient la faculté de penser et de parler ; et, comme l'écriture est, comme la parole, un moyen de manifester la pensée, il s'en suit que le droit de publier a aussi sa source dans la loi naturelle. Mais l'abus de ce droit doit être réprimé : nous allons voir à quelles conditions il peut tomber sous l'application de la loi pénale.

Il n'y a ni crimes, ni délits de la pensée. Tant que la pensée ne s'est pas manifestée au dehors, elle échappe nécessairement à toute juridiction humaine. Sans manifestation extérieure, point de punition possible : *Cogita-*

(1) Dig. de Inj. l. 3, § 2.

tionis pœnam nemo patitur, dit Ulpien (1). Lors même que la pensée a pris un corps, si, par exemple, au moyen de l'écriture elle s'est fixée sur le papier et si elle est restée ignorée de tous, la loi veut encore qu'elle appartienne exclusivement à son auteur : il n'est pas permis de lui en demander compte. La condamnation à mort d'Algernon Sydney pour crime de haute trahison, résultant d'écrits trouvés dans sa maison, mais restés secrets, est une monstruosité judiciaire. Mais si la pensée se révèle au dehors par la parole ou par l'écriture, celui qui l'émet en devient responsable, il en doit compte à la société.

Le délit de diffamation peut se commettre par la parole ou par l'écriture. La loi de 1819 ne fait aucune distinction entre ces deux genres de diffamation et cependant il y a entre la diffamation par la parole, et la diffamation par l'écriture une grande différence quant au préjudice occasionné.

§ 1.

De la parole.

Le seul fait d'avoir émis sa pensée par la parole ne suffit pas pour produire la publicité. Une confidence est de sa nature essentiellement secrète, un discours même n'est pas essentiellement public, parce qu'il a été prononcé dans des lieux ou réunions publics. Il faut que les discours, cris ou menaces, soient proférés; cela résulte de l'article 1 et de la discussion de la loi du 17 mai 1819. M. Jacquinot-Pampelune fit remarquer que l'expression *tenus*, qui se trouvait dans le projet de loi, était trop vague et qu'elle pouvait s'appliquer aux simples propos tenus même à voix basse dans des lieux publics : il proposa de remplacer

(1) Dig. l. 18 (XLVIII-19).

l'adjectif *tenus* par l'adjectif *proférés* et de le rapporter
non seulement au mot *discours* mais aussi aux mots *cris*
et *menaces*, ce qui, d'après lui, achevait de compléter
l'idée de publicité (1). Cet amendement fut adopté, et son
adoption fit disparaître les inconvénients, qui, avant la
loi de 1819, résultaient de l'article 367 du Code pénal,
d'après lequel on devait considérer comme calomnieuses
les imputations, qui n'avaient eu aucune publicité.

Ainsi il ne suffit pas, pour constituer le délit de diffamation, que des propos diffamatoires aient été tenus; il
faut encore qu'ils aient été proférés, c'est-à-dire émis à
haute voix, avec l'accent et le ton de celui qui, en parlant, a l'intention de se faire entendre de tous ceux qui
l'entourent. C'est ce que la loi romaine exprimait si bien :
Ex his apparet non omne maledictum convicium esse,
sed id solum, quod cum vociferatione dictum est (2).

L'imputation doit donc être proférée. On peut cependant concevoir une hypothèse assez embarrassante :
Supposons que dans une assemblée nombreuse une personne, préoccupée d'une pensée de diffamation, répète
individuellement à chacun des assistants un propos diffamatoire. On ne pourra pas dire que cette personne a
proféré un discours, et cependant le but, qu'elle se pro-
posait, elle l'a atteint tout aussi bien, peut-être mieux
que si elle eût parlé à haute voix. Un tel acte tombera-t-il
sous l'application de la loi du 17 mai 1819? Pour l'affirmative, on peut dire que cette solution résulte de l'esprit
de la loi, qui a voulu punir toutes les fois qu'il y a publicité réelle, qu'il serait déplorable de laisser impuni un
fait de cette nature, surtout lorsqu'un autre mode de
publicité, quoique moins blâmable en ce qu'il ne présenterait pas les mêmes caractères de préméditation et de
méchanceté, entraînerait des conséquences opposées. Ces

(1) Séance du 15 avril 1819.
(2) Dig. de Inj. l. 15, § 11.

raisons sont assurément graves; mais il nous semble qu'en présence du mot *proférés*, renfermé dans l'article 1, la négative doit être adoptée. En effet, en matière pénale, il n'est permis d'interpréter la loi que lorsqu'elle est équivoque ou obscure ; or le texte est aussi clair que précis : « Quiconque par des discours, des cris ou menaces, *proférés*, etc..... » Si l'on pouvait, négligeant la lettre de la loi, l'interpréter, la liberté des citoyens n'aurait aucune garantie; d'ailleurs le juge qui, ne se laissant pas enchaîner par le texte de la loi, l'interprète, cesse d'être juge et devient législateur.

Des lieux publics. — De ce que la profération a eu lieu, il ne s'ensuit pas que le délit de diffamation existe, il faut, en outre, qu'elle ait eu lieu soit dans un lieu public, soit dans une réunion publique.

Mais que faut-il entendre par lieux publics? M. Chassan en distingue trois catégories. D'après cet auteur, les lieux sont publics par leur nature, par leur destination, par accident.

Une place, une rue, un chemin sont des lieux publics par leur nature, même quand il ne s'y trouve personne, même la nuit. Le lieu est public par sa nature, quand il est nécessairement à l'usage de tous.

Un lieu est public par destination, lorsqu'il est ouvert à tous ceux qui veulent s'y introduire dans un but déterminé; il devient tel par l'objet auquel il est affecté d'une manière fixe, déterminée et permanente. Sont des lieux publics par destination les églises, les salles d'audience, de spectacle, les cabinets de lecture, les bibliothèques, les Musées, les Cours publics, etc. Nous pensons même qu'une diligence est un lieu public par destination. En effet, comme une salle de spectacle, elle est accessible sur tout son parcours, jusqu'à sa complète occupation, à tous ceux qui veulent y entrer. Cependant la Cour de Cassation a décidé le contraire (arrêt du 28 août 1831); mais alors il faudrait aussi considérer comme des lieux non publics un wagon, un paquebot, un théâtre, car ces lieux ne diffèrent d'une diligence que par le nombre de places.

On pourrait encore distinguer entre les lieux publics par destination ceux qui le sont d'une manière absolue et ceux qui le sont d'une manière relative. Dans la première catégorie, il faut ranger ceux qui sont accessibles à tous sans condition, par exemple, une église, une salle d'audience; dans la seconde, ceux dans lesquels on n'est admis que sous certaines conditions, théâtres, cafés, hôtelleries.

Toutefois, il est bien entendu que les lieux publics par destination cessent de l'être au moment où l'accès en est interdit : par exemple, les églises, les salles d'audience, après la fermeture des portes. Quand ces lieux cessent d'être accessibles au public, ils deviennent de simples lieux privés.

Les lieux publics par accident sont ceux, dont la destination à un usage public n'est pas permanente. Au nombre des lieux publics par accident, on peut citer une maison particulière, louée accidentellement pour un spectacle, un concert, les lieux privés ouverts accidentellement au public.

Suffit-il, pour constituer la publicité légale, que le lieu, dans lequel les discours ont été proférés, soit public par sa nature, par sa destination ou par accident? Ou bien faut-il encore qu'ils soient proférés en présence de plusieurs personnes? Plusieurs auteurs soutiennent que la publicité ne résulte pas nécessairement de la nature du lieu dans lequel le délit a été commis, car le lieu, disent-ils, pouvait être désert au moment où la diffamation s'est produite; ils exigent, en outre, la présence de plusieurs personnes; mais ils ne sont pas d'accord sur le nombre de personnes nécessaires pour former un public. M. de Grattier n'exige que la présence d'une seule personne pour constituer la publicité (1).

(1) Lois de la presse t. I, p. 122.

Cette opinion ne nous paraît pas fondée en Droit. En effet, qu'exige la loi ? Que le discours ait été proféré dans un lieu public ou une réunion publique ; mais elle ne dit pas que le discours doit être proféré en public ou devant le public. Le lieu public par sa nature est toujours public ; le lieu public par destination est public pendant un moment donné, ou il ne l'est pas. S'il est public, comme une salle d'audience pendant toute l'audience, il existe par cela seul une présomption légale de publicité. Une fois la circonstance de lieu public constatée, s'il était permis au prévenu de soutenir que le nombre de personnes présentes ne suffisait pas pour constituer un public, la loi cesserait d'être précise pour tomber dans le vague et l'arbitraire.

De la réunion publique. — Ce n'est pas seulement de la profération dans un lieu public que résulte la publicité : elle peut aussi résulter de la profération dans une réunion publique, tenue dans un lieu privé. Recherchons ce que l'on doit entendre par réunion publique.

Et d'abord qu'est-ce qu'une réunion ? La réponse est facile, car il suffit de deux personnes pour former une réunion. Mais ce n'est pas le nombre, qui imprime à une réunion son caractère légal ; c'est sa nature. Toute la difficulté est dans la définition de l'épithète *publique*, à laquelle le législateur n'a pas donné un sens précis.

Quoique nous ne trouvions rien ni dans la loi, ni dans les rapports, ni dans la discussion, qui nous indique le sens, que le législateur a voulu donner au mot publique, il nous semble qu'il est facile de deviner la pensée de la loi et qu'il ne peut pas exister une grande différence entre les lieux publics et les réunions publiques. De même que nous avons réputé lieu public le lieu accessible à tous soit d'une manière absolue, soit dans des conditions déterminées, de même devons-nous réputer réunion publique celle que toutes personnes peuvent former soit d'une manière absolue, soit en remplissant certaines conditions, ou à laquelle elles ont la faculté de s'adjoindre, qu'elle ait lieu fortuitement ou dans un but prévu. Le caractère essentiel de la réunion publique est d'être accessible à tout le monde avec ou sans condition. Un bal chez un particulier, lors-même qu'une ville entière y serait invitée, ne sera jamais une réunion publique, car l'entrée de la maison n'est point ouverte à toutes les personnes, qui pourraient vouloir s'y présenter. Sans doute une imputation diffamatoire pourra y acquérir une publicité fort considérable; mais du moment qu'une pareille réunion n'est pas accessible à toutes les personnes, qui pourraient vouloir en faire partie, elle manque essentiellement du caractère de publicité légale.

Il faudrait, au contraire, considérer comme publique une réunion, dans laquelle chacun pourrait entrer en remplissant certaines conditions déterminées. Ainsi un bal donné par souscriptions aurait tous les caractères d'une réunion publique. Nous considérons aussi comme ayant les caractères de la réunion publique une fête officielle chez le Préfet de la Seine, chez le Président du Corps législatif. Evidemment une pareille réunion n'est pas accessible à tous indistinctement; mais ce n'est pas chez l'homme privé, c'est chez l'homme public, dont une partie du traitement est affectée à la représentation, qu'a lieu la réunion : les personnes, qui y assistent, sont pour la plupart inconnues de lui, elles s'y rendent comme à une fête publique. En un mot, il suffit d'un titre, d'une fonction pour y être invité de droit. Voilà pourquoi une pareille réunion nous semble, soit à raison de l'homme public, soit à raison du local où elle se forme, présenter un véritable caractère de publicité.

Des propos diffamatoires tenus dans une réunion de créanciers, présidée par le juge commissaire, n'ont pas le caractère de publicité exigé par l'article 1 de la loi du 17 mai 1819. Une pareille réunion doit être réputée non publique, car il faut nécessairement, pour y être admis, être créancier. On peut encore citer, comme exemple de réunion publique le concours de plusieurs personnes, attirées pour prêter assistance en cas de pillage ou d'incendie.

Nous ferons remarquer, en terminant, que le juge doit déterminer spécialement ce qui, selon lui, caractérise la réunion publique ; la diffamation n'étant punissable qu'autant qu'il y a publicité, cette circonstance doit à peine de nullité être constatée dans le jugement.

§ 2.

De l'écriture.

« Quiconque soit par des discours, des cris ou menaces, proférés dans des lieux ou réunions publics, soit par des écrits, des imprimés, des dessins, des gravures, des peintures ou emblèmes, vendus ou distribués, mis en vente, ou exposés dans des lieux ou réunions publics, soit par des placards ou affiches exposés aux regards du public, etc. (art. 1, loi du 17 mai 1819). »

Par ces mots *écrits, dessins, gravures*, etc., la loi a voulu indiquer tous les moyens que l'art fournit de donner une forme à la pensée : cet article ne doit pas être entendu dans un sens limitatif. « On lui (à la presse) assimilera, disait M. de Serres, tous les autres moyens de publication, par lesquels un homme peut agir sur l'esprit des hommes, car c'est dans le fait et dans le moyen que réside le délit (1). » Par conséquent, tous les moyens propres à communiquer la pensée, l'écriture, l'imprimerie, le dessin, la peinture, la photographie, la sculpture, etc., doivent tomber sous l'application de l'art. 1, si toutefois cette communication a été rendue publique. Examinons les divers faits qui opèrent la publicité.

(1) Séance, 22 mars 1819.

1° *Vente.* — Le mot vente est pris ici dans son acception ordinaire : il signifie la livraison au public, moyennant un prix, d'un objet quelconque.

Il résulte de cette définition que la vente d'un seul exemplaire d'un imprimé, d'une gravure, constitue la publicité. En sera-t-il de même de la vente d'un manuscrit à un éditeur? Une pareille vente constituera-t-elle la publicité au point de vue de la diffamation tout aussi bien que la vente d'un imprimé? Nous ne pensons pas qu'on doive appliquer la lettre rigoureuse de la loi, parce que, comme le dit très bien M. Chassan, « dans ce cas, la vente du manuscrit est faite pour arriver ensuite à la publication par le moyen de l'impression. Elle est à la vérité le préliminaire de la publication, mais elle n'est pas la publication elle-même (1). »

2° *Distribution.* — La loi n'exige pas que la distribution s'opère dans des lieux ou réunions publics ; une distribution clandestine (presque toujours elle est clandestine) est suffisante. C'est la distribution elle-même qui produit la publicité.

Qu'est-ce donc que la distribution? Ce mot ne représente pas un fait simple, comme la vente : distribuer, c'est répandre de côté et d'autre. La distribution ainsi définie, il faut en conclure que la remise d'un seul exemplaire n'est pas suffisante pour caractériser le délit. M. Chassan est d'une opinion contraire en ce qui touche les imprimés : d'après cet auteur, la remise d'un seul imprimé constitue la distribution, parce que l'impression fait prévoir la publication et qu'un seul fait de remise doit consommer cette publication (2)? Cette opinion ne nous paraît nullement juridique. Si nous avons admis que la vente d'un seul exemplaire constitue la publicité, c'est parce que la loi est fort précise et qu'il n'est pas possible d'équivoquer. Mais,

(1) Loc. cit. tome I, p. 41.
(2) Loc. cit. tom. I, p. 44.

d'après la grammaire, la remise d'un seul exemplaire ne peut pas être une distribution, pas plus que la présence d'une seule personne ne peut constituer une réunion. D'ailleurs, si quand la loi ne distingue pas, il ne faut pas distinguer, à plus forte raison ne faut-il pas donner aux mots une signification différente de celle qu'ils ont, surtout quand on doit aggraver leur portée dans le sens de la répression.

Mais la loi est muette sur le nombre d'exemplaires, dont la remise est nécessaire pour constituer la publicité par distribution : c'est là une question de fait abandonnée à l'appréciation souveraine des magistrats. Ils pourraient ainsi voir le délit de diffamation dans le fait d'avoir écrit à plusieurs personnes une lettre missive, contenant des imputations diffamatoires contre un individu, parce que le fait d'écrire à plusieurs personnes équivaut à une véritable distribution.

Quoiqu'il en soit, dans tous les cas où l'écrit, bien qu'il n'ait pas produit la publicité par distribution, aura causé un dommage à celui contre qui il était dirigé, l'auteur de l'écrit pourra être condamné à des dommages-intérêts par application de l'article 1382 C. N.

3° *Mise en vente.* — Par mise en vente il faut entendre la réception, par un marchand, dans ses magasins, d'un objet quelconque destiné à y être vendu.

La loi n'exige pas et ne devait pas exiger, pour constituer la mise en vente, que les objets fussent exposés aux regards du public ou placés dans un lieu apparent. Si une pareille condition était nécessaire, le but de la loi serait manqué : elle serait facilement éludée. Ainsi les marchands de livres ou de gravures obscènes, qui, au lieu d'afficher de pareils produits, les tiennent cachés dans une arrière boutique ou dans toute autre pièce de leur maison, ne pourraient jamais être considérés comme les ayant mis en vente. Un libraire, dans le magasin ou dans la maison

duquel on aura trouvé des exemplaires d'un écrit diffamatoire, sera donc censé les avoir mis en vente.

4° *Exposition dans des lieux ou réunions publics.* —
Les mots *dans des lieux ou réunion publics* ne se réfèrent pas aux mots *vendus ou distribués, mis en vente*,
mais uniquement au mot *exposés.* Dans les divers cas de
vente, de distribution et de mise en vente, la condition de
lieu public n'est pas exigée, tandis qu'il faut, pour que la
publicité existe, que l'exposition soit effectuée dans un
lieu ou dans une réunion publics.

Par ces mots *écrits, imprimés, dessins, etc., exposés
dans des lieux ou réunions publics*, on doit comprendre
non seulement ceux qui sont placés de manière à attirer
immédiatement les regards du public, mais encore ceux
qui sont placés de telle manière que leur dépôt dans un
lieu public comporte pour chaque personne le droit d'en
prendre communication. Ainsi il y aura exposition dans
le sens de la loi, lorsque les écrits, dessins, etc., seront
déposés sur la table d'un café, d'un restaurant, d'un cabinet de lecture. Le dépôt dans un lieu public ne constitue
pas l'exposition; il faut en outre que chaque personne ait
le droit d'en prendre connaissance. Le dépôt au greffe
d'un tribunal d'une procédure, contenant des imputations
diffamatoires, pour être communiquée au ministère public,
ne présenterait pas les caractères légaux de l'exposition.

5° *Placards et affiches exposés aux regards du
public.* — Il n'est nullement nécessaire, pour constituer
la publicité que l'exposition des placards et affiches ait été
faite dans des lieux ou réunions publics; la loi exige seulement que les placards ou affiches soient exposés aux regards du public, qu'ils soient en vue. Voilà pourquoi, lorsque cette condition est remplie, il importe peu, pour que
ce mode de publicité existe, que les placards ou affiches
soient placés dans un lieu non public, s'ils peuvent être
lus du public. Ainsi on doit considérer comme exposés
aux regards du public des placards, qui, placés dans une

cour séparée de la voie publique par une grille, pourraient
être lus ou vus du public.

Nous pensons même que ce dernier mode de publicité
existe, toutes les fois que les placards et affiches auront
été exposés dans des lieux non publics, mais dans lesquels
cependant le public est jusqu'à un certain point admis,
par exemple, dans le parquet d'un procureur impérial, le
cabinet d'un commissaire de police. Le lieu public n'étant
pas l'élément constitutif de la publicité, du moment que
l'exposition aux regards du public est suffisante, la publicité, n'étant pas définie, ne doit plus être qu'une circonstance de fait livrée à l'appréciation du juge. S'il en était
autrement, ce genre de publicité serait évidemment compris dans les termes *exposés dans des lieux ou réunions
publics* : on pourrait sans inconvénient retrancher de
l'article 1 les termes *exposés aux regards du public*,
puisqu'ils n'auraient aucune portée et qu'on pourrait assimiler à l'exposition dans un lieu public l'exposition dans
un lieu privé de placards et affiches, qui pourraient être
lus ou vus par des personnes se trouvant sur la voie publique. En effet le texte et l'esprit de la loi ne s'opposent
pas plus à cette interprétation qu'ils ne s'opposent à ce
qu'on répute proférées dans un lieu public des paroles,
qui en réalité l'auraient été dans un lieu privé, mais de
manière à être entendues dans un lieu public. Les mots
placards et affiches exposés aux regards du public
seraient donc une superfétation, s'ils n'étaient pas applicables aux cas que nous venons de spécifier.

Tels sont les divers cas de publicité énumérés par l'article 1 de la loi du 17 mai 1819. Cet article est limitatif;
d'où il suit qu'il n'y aurait pas diffamation, si l'imputation,
qui la constitue, avait été publiée par une autre voie, et
que la publicité doit être produite par l'un des modes in-
diqués dans l'article précité. Ainsi, il n'y aura pas publicité dans le cas de dénonciation contre une personne à la
chambre d'accusation, lorsque des imputations diffama-

toires seront contenues dans une procédure, déposée au
greffe pour être communiquée à la partie adverse ou au
juge rapporteur. De même, une imputation diffamatoire
faite dans un acte authentique ne constituera pas une
diffamation, par cela seul que l'acte est authentique, parce que cet acte n'est pas nécessairement public.

III

De l'Intention.

Aux éléments matériels, constitutifs du délit de diffamation, il faut ajouter l'intention de nuire, *animus injuriandi,* qui est l'élément moral de ce délit. *Injuria ex
affectu facientis consistat,* dit la loi romaine. Il n'y a
pas de délit sans intention de nuire, et, sauf de rares
exceptions, la loi né punit que l'intention coupable. La loi
de 1819 considère cet élément comme tellement substantiel qu'elle n'en parle même pas.

L'intention de nuire est donc un élément indispensable
du délit de diffamation. C'est l'intention qui seule donne à
l'imputation son caractère répréhensible : l'intention existant, le délit est consommé; sans elle le fait n'est pas coupable. En matière de diffamation, ce n'est pas seulement
dans le dessein de causer à autrui un dommage plus ou
moins immédiat dans son honneur ou sa considération
que consiste l'intention de nuire : en se pénétrant de l'esprit qui a animé les législateurs de 1819, on doit reconnai-
tre qu'ils font consister l'intention de nuire dans un sentiment de méchanceté, dans le désir de satisfaire un
sentiment haineux ou mauvais.

Il faut se garder de confondre l'intention de diffamer et
la volonté de diffamer : une nuance très sensible les distingue. On peut en effet avoir la volonté de commettre
une diffamation sans cependant avoir l'intention de nuire.

Un exemple rendra plus frappante cette distinction. Dans une réunion publique on parle d'une personne, qui possède une grande fortune et qui ne dépense pas le quart de ses revenus, on blâme son avarice. Un de ses amis, pour le justifier de ce reproche, révèle un fait que tout le monde ignore, et apprend que ce prétendu avare est en train de se ruiner pour une actrice en renom. Cet ami, qui profère ainsi une imputation diffamatoire, a assurément fait acte de volonté, et cependant on ne peut pas dire qu'il ait eu l'intention de nuire : au contraire, appréciant mal la portée du fait qu'il révélait, il a cru que cette imputation serait utile à la personne, à qui en réalité elle devait nuire : il a causé un dommage, il a porté atteinte à l'honneur et à la considération, mais, l'intention de nuire manquant, il n'a pas commis le délit de diffamation. Toutes les fois donc qu'en présence d'une atteinte, portée à l'honneur ou à la considération d'une personne, les juges demeureront convaincus qu'aucune mauvaise intention n'a animé l'auteur de l'imputation, ils ne devront pas le déclarer coupable de diffamation.

Comme la vérité des faits diffamatoires n'a aucune influence sur la décision des juges, il importe peu que le diffamateur ait agi de bonne foi; car il ne faut pas non plus confondre la bonne foi avec l'absence d'intention de nuire. Paul a cru que Pierre était l'auteur d'un vol commis à son préjudice et l'a publié de bonne foi : le délit de diffamation n'en existera pas moins, parce que la bonne foi de Paul, pour aussi évidente qu'elle soit, ne prouve pas qu'en publiant le fait, qu'il a cru vrai, Paul n'a pas eu l'intention de porter atteinte à l'honneur et à la considération de Pierre. Cependant, quoiqu'elle n'implique pas nécessairement l'absence d'intention de nuire, on doit reconnaître que la bonne foi la fait ordinairement présumer, et il suffit de quelques circonstances favorables, pour qu'elle puisse l'établir. Ainsi, si dans l'espèce précédente, venait se joindre la circonstance suivante, que c'est sans réflexion, mais sous l'influence du désir de retrouver sa propriété volée ou perdue, et sans mesurer la portée dangereuse pour lui-même d'une imputation de vol, que Paul a accusé publiquement Pierre de lui avoir soustrait un objet quelconque, on devrait décider qu'il n'y a pas eu de diffamation commise. La situation d'esprit, dans laquelle Paul se trouvait au moment de l'imputation, permet d'admettre qu'il n'avait pas d'autre intention que celle de recouvrer l'objet dérobé.

Nous avons vu, quand nous avons parlé de l'intention en droit romain, que la preuve de l'existence ou de la non-existence de l'intention de nuire incombait tantôt au plaignant, tantôt au prévenu : les mêmes règles doivent être appliquées en droit français (1).

Quelques auteurs ont prétendu que l'absence d'intention de nuire doit être présumée entre proches parents : une telle distinction ne peut pas être admise, le législateur ne l'a indiquée nulle part.

De même lorsqu'il s'agira d'apprécier la portée de propos diffamatoires adressés à un domestique par son maitre, à un inférieur par son supérieur, à un ouvrier par le chef d'atelier, il ne faut pas décider que l'absence d'intention de nuire doit être présumée. Notre législation ne fait à cet égard aucune distinction. La solution de cette question doit résider dans le fait de la publicité. Ainsi un chef d'atelier n'aura pas commis le délit de diffamation, lorsque, dans son usine, au milieu de ses ouvriers, il aura imputé à l'un d'eux un fait de nature à porter atteinte à son honneur ou à sa considération; mais ce ne sera pas à cause des rapports de supérieur à inférieur que l'intention de nuire ne sera pas présumée, mais parce que l'atelier, n'étant ouvert qu'aux ouvriers qui y sont employés, ne peut être considéré ni comme lieu public, ni comme réunion publique. Il en serait autrement, si l'imputation avait

(1) Droit Romain, page 54.

8

été adressée dans un lieu public : dans ce cas, le supérieur devrait être condamné comme diffamateur, à moins qu'il ne se justifiât par des circonstances exclusives de l'intention de nuire.

Ce n'est pas non plus à l'aide de la présomption d'absence d'intention de nuire qu'il faut résoudre une question très délicate et qui a un grand intérêt pratique, celle des renseignements défavorables, donnés par un maître sur son domestique. On ne doit pas distinguer entre le cas où le maître a donné les renseignements qui lui étaient demandés et celui où il est allé offrir des renseignements qu'on ne lui demandait pas. La solution de cette question doit résider dans le fait de la publicité. Tant que les renseignements ne seront que confidentiels, la personne qui les aura donnés ou offerts, peu importe, sera à l'abri de toute poursuite, mais elle ne saurait s'y soustraire, s'ils ont été donnés avec le caractère de publicité exigé par la loi.

On doit résoudre, en appliquant les mêmes principes, la question de savoir si des renseignements, donnés ou offerts sur une personne qui est sur le point de se marier, peuvent constituer une diffamation punissable.

D'après M. Chassan, « le juge ou la partie poursuivante peuvent s'en rapporter à la déclaration qu'ils défèrent à l'accusé ; et si celui-ci, sur cette déclaration, affirme que son intention n'a pas été criminelle, il doit être acquitté (1). » Que le plaignant use d'un pareil procédé, qu'il puisse faire dépendre le gain ou la perte de son procès de la déclaration faite sur son invitation par son adversaire, cela nous paraît incontestable : chaque partie est l'arbitre de sa cause. Mais ce qui n'est pas moins incontestable, c'est que, quoique le prévenu refuse de faire la déclaration, qu'on lui demande, il ne devra pas être condamné de plein droit : il peut, en effet, tout en n'étant pas

_____

(1) Chassan, loc. cit. t. I, p. 27.

coupable, ne pas vouloir faire la déclaration qu'on lui demande : pour agir ainsi, il peut avoir de justes motifs, comme aussi il peut refuser par entêtement ou par un faux point d'honneur. M. Chassan soutient donc une opinion erronée, lorsqu'il affirme que le juge peut avoir recours à cette raison de décider et que, si le prévenu déclare que son intention n'a pas été criminelle, il doit dans tous les cas être acquitté. Cette opinion du savant jurisconsulte n'est fondée sur aucun texte, elle est en outre en opposition avec plusieurs principes de notre droit criminel et nous ne pouvons expliquer son erreur que par l'influence du droit romain, qui autorisait le juge à déférer le serment, lorsque le prévenu niait l'intention de nuire et que cette intention n'était pas manifeste, et par l'autorité de Pérez, qui prétendait que le prévenu devait être absous si, revenant spontanément *per recantationem* sur ce qu'il avait allégué, il affirmait qu'il n'avait pas eu l'intention d'injurier (1).

L'intention de nuire est donc l'élément essentiel du délit de diffamation : si cet élément n'existe pas, l'auteur de l'imputation est à l'abri de toute peine; il peut seulement, s'il y a eu préjudice causé, être condamné à le réparer (art. 1382 C. N.).

Cependant, depuis la promulgation de la loi, relative à la presse, du 11 mai 1868, l'auteur d'une imputation diffamatoire, publiée sans intention de nuire dans un écrit périodique, est passible d'une amende de 500 francs, par application de l'article 11 : « Toute publication dans un écrit périodique, relative à un fait de la vie privée, constitue une contravention punie d'une amende de 500 francs. La poursuite ne pourra être exercée que sur la plainte de la partie intéressée. » Cette disposition législative, à laquelle M. de Guilloutet a attaché son nom, quoique nous en trouvions la première trace dans l'article 7 du contre-

(1) Praelect. in duob. libr. Cod de Inj., n° 12, p. 207.

projet de M. Emile Ollivier, édictée dans le but de murer complétement la vie privée en l'abritant définitivement contre les agressions possibles de la presse, n'a rien changé aux principes relatifs à la diffamation ; les éléments, constitutifs de ce délit, restent les mêmes. Ce que le législateur de 1808 a voulu prohiber et punir, c'est l'envahissement du domaine de la vie privée, sans qu'il soit nécessaire au plaignant d'établir l'intention criminelle (1).

IV

De la preuve du fait diffamatoire.

La diffamation n'implique pas nécessairement la fausseté de l'imputation ; elle dénote seulement d'une part l'intention de nuire et d'autre part une atteinte à l'honneur ou à la considération. La loi du 17 mai a substitué la médisance à la calomnie, et l'imputation de tout fait diffamatoire vrai ou faux est devenue punissable : les articles 367, 368, 369, 370, 371, 372, 374, 375, 377 du Code pénal, sont abrogés par l'art. 26 de la loi du 17 mai 1819, et l'art. 20 de la loi du 26 mai 1819 prohibe la preuve dans les termes suivants : « Nul ne sera admis à prouver la vérité des faits diffamatoires, si ce n'est dans le cas d'imputation contre les dépositaires ou agents de l'autorité, ou contre toute personne ayant agi dans un caractère public, de faits relatifs à leurs fonctions. Dans ce cas, les faits pourront être prouvés par devant la Cour d'Assises par toutes les voies ordinaires, sauf la preuve contraire par les mêmes voies. — La preuve des faits imputés met l'auteur de l'imputation à l'abri de toute peine, sans préjudice des peines prononcées contre toute injure, qui ne serait pas nécessairement dépendante des mêmes faits. »

(1) M. Baroche, Ministre de la Justice a donné l'interprétation de l'article 11 dans une Circulaire du 4 juin 1868 (n°ˢ 19 et 20).

Ainsi cet article établit une différence essentielle entre
les particuliers et les agents de l'autorité : à l'égard des
premiers, nul n'est admis à prouver la vérité des faits
diffamatoires ; la preuve au contraire est réservée contre
les agents de l'autorité et contre toute personne ayant
agi dans un caractère public pour des faits relatifs à leurs
fonctions. C'est la crainte du scandale qui a déterminé le
législateur de 1810 à murer la vie privée; mais en même
temps il a pensé qu'il fallait faire une exception pour les
fonctionnaires, et que ceux-ci, lorsqu'ils ont accepté
librement de servir leur pays, ne s'appartiennent plus et
deviennent les hommes de la société, qui a le droit de
contrôler leurs actes et de leur demander compte de la
façon dont ils remplissent leur mandat. Ce droit de preuve
a été restreint dans son application à plusieurs reprises.
L'article 18 de la loi du 25 mars 1822 avait prohibé la
preuve testimoniale : abrogée par les articles 4 et 5 de la
loi du 8 octobre 1830, qui avaient remis en vigueur la
loi de 1819, cette disposition de la loi de 1822 a été
reproduite dans l'art. 28 du Décret du 17 février 1852 :
« En aucun cas, dit cet article, la preuve testimoniale ne
sera admise pour établir la réalité des faits injurieux ou
diffamatoires. »

M. de Grattier prétend que la preuve légale, c'est-à-
dire celle résultant d'un jugement ou d'un acte authentique,
a été maintenue par l'article 20 de la loi du 26 mai 1819 (1) :
à l'appui de son opinion, ce jurisconsulte invoque le passage suivant de l'exposé des motifs : « Le projet de loi,
disait M. de Serre sur l'art. 20, n'a point dû parler ici de
la preuve légale. Il n'y a point de diffamation suivant la
loi pénale à répéter un fait généralement notoire et bien
moins lorsque cette notoriété prend sa source dans la
publicité des actes de l'autorité. » Cette opinion est évidemment erronée et l'erreur se révèle par la contradic-

(1) Lois de la presse, tome II, p. 178.

tion flagrante, qu'elle établirait entre les principes de la loi et ses motifs. Qu'a voulu en effet le législateur? Substituer le système de la diffamation au système de la calomnie. Pour atteindre ce but, il devait abolir le seul genre de preuve admis par le Code pénal, à moins de tomber dans une inconséquence choquante : dans tous les cas, il ne devait pas l'étendre, et c'est ce qu'il aurait fait, si, comme le dit M. de Serre, *il n'y a point de diffamation à répéter un fait généralement notoire.* Ainsi, d'après M. de Grattier, tandis que le Code pénal, qui ne réprimait que la calomnie, ne permettait pas dans son article 368 d'alléguer comme excuse la notoriété des faits, le législateur de 1810, qui punit la médisance, permettrait d'invoquer cette notoriété! Il y a là évidemment une erreur qu'il est facile d'expliquer : l'article 20 renferme deux dispositions essentiellement différentes, l'une relative aux particuliers, l'autre aux agents de l'autorité, et le passage de l'exposé des motifs, d'après lequel M. de Grattier a cru que la preuve légale était maintenue, s'applique exclusivement à ces derniers. On peut s'en convaincre facilement en étudiant l'exposé des motifs dans son ensemble et l'on verra d'ailleurs que M. de Serre parle des preuves qui peuvent être fournies devant le jury. Or, l'article 14 de cette même loi du 26 mai 1810, porte que « les délits de diffamation verbale contre toute personne et ceux de diffamation par une voix de publication quelconque contre des particuliers, seront jugés par les tribunaux de police correctionnelle. » Les paroles de M. de Serre, relatives à la preuve légale, ne s'appliquent donc pas aux particuliers; et, s'y appliqueraient-elles, l'opinion de M. de Grattier devrait encore être repoussée, comme contraire aux principes de la loi, et par le motif qu'on doit préférer la loi faite à la loi simplement projetée.

Relevons aussi une erreur de M. Chassan, qui prétend que l'on ne commet pas le délit de diffamation, lorsque sur la foi de procès-verbaux, dressés par des officiers de police, on se borne à annoncer les faits que ces procès-verbaux imputent à un ou plusieurs individus et qu'on annonce leur arrestation, alors même que plus tard les prévenus seraient renvoyés des poursuites par une ordonnance de non lieu, parce que dans ces divers cas il n'y a que l'énonciation d'un fait constaté authentiquement et qui tombe dans le domaine public (1). C'est établir des distinctions arbitraires là où la loi n'en admet pas. Toute la difficulté réside dans une question d'intention. Si l'auteur de l'imputation n'a été animé d'aucune mauvaise intention, l'un des éléments du délit disparaissant, il ne peut pas être condamné ; il devra l'être au contraire, s'il a eu l'intention de diffamer, car il importe peu que le fait soit ou ne soit pas constaté par un procès-verbal. En effet, dire que des faits, allégués dans des procès-verbaux, tombent dans le domaine public et qu'il est permis de les publier, c'est faire revivre la preuve légale, c'est même aller plus loin, puisque la preuve légale d'après l'article 370 Code pénal ne pouvait résulter que d'un jugement ou de tout autre acte authentique : or, un procès-verbal d'un officier de police n'est ni un jugement ni un acte authentique.

L'article 25 de la loi du 26 mai 1819, d'après lequel : « Lorsque les faits seront punissables selon la loi et qu'il y aura des poursuites commencées à la requête du ministère public, ou que l'auteur de l'imputation aura dénoncé ces faits, il sera, durant l'instruction, sursis à la poursuite et au jugement du délit de diffamation, » est-il applicable à la fois à la diffamation envers les agents de l'autorité et à la diffamation envers les particuliers? La jurisprudence et la doctrine, obéissant à des considérations d'équité, assurément bien puissantes, appliquent cet article d'une manière générale. Cette opinion nous parait contraire aux vrais principes de la loi de 1819, qu'il faut accepter telle qu'elle est et qui doit être appliquée même dans ses consé-

(1) Loc. cit. t. I, p. 378

quences les plus rigoureuses, et nous pensons que les poursuites dirigées contre le plaignant, à raison du fait de la
vie privée, objet de l'imputation, ou la dénonciation de ce
fait ne peuvent pas suspendre le jugement du délit de
diffamation.

Si l'on rapproche l'article 25 de la loi du 26 mai 1819
de l'article 372 du Code pénal, on verra que l'article 25
n'est que la reproduction de l'article 372. Le Code pénal
de 1810 ne punissait que la calomnie. Si le détracteur
prouvait au moyen de la preuve légale, c'est-à-dire au
moyen de celle résultant d'un jugement ou de tout autre
acte authentique, la vérité du fait imputé, il était à l'abri
de toute peine. Ainsi, en imputant à un individu le vol
d'une montre, on ne commettait pas de délit, si on rap-
portait un jugement constatant le fait de ce vol. Mais une
difficulté pouvait se présenter. Sur la plainte, l'auteur
de l'imputation pouvait dire : j'ai accusé le plaignant de
m'avoir volé ma montre, je ne l'ai point calomnié, puisque
le fait est vrai : des poursuites sont dirigées contre lui par
le ministère public et bientôt je rapporterai un jugement,
qui constatera que j'ai dit la vérité ; je demande donc qu'il
soit sursis au jugement. Le sursis était accordé (art. 372
C. p.) Une fois cet incident vidé, si le vol n'était point
établi, l'auteur de l'imputation pouvait être condamné
comme calomniateur. Si au contraire le plaignant était
condamné, l'auteur de l'imputation, rapportant la preuve
légale, devait être acquitté, puisqu'il prouvait qu'il n'avait
pas calomnié. Tel était l'article 372, qui accordait le sursis au prévenu, afin de lui permettre d'obtenir la preuve
légale ; c'est cet article qui a été reproduit dans l'article
25. Nous remarquerons que le principe, dont il était la
conséquence naturelle, a été profondément modifié : le
Code pénal autorisait la preuve légale contre les particuliers, tandis que la loi de 1819 ne l'autorise que contre les
agents de l'autorité ; d'où la conséquence que le sursis, qui
n'était accordé qu'afin d'arriver à la preuve légale, n'a

plus de raison d'être, lorsque la preuve légale n'est pas
permise. Le sursis, dont parle l'article 25, ne doit donc être
prononcé que dans le cas où la preuve peut être faite,
c'est-à-dire dans le cas où les imputations sont dirigées
contre des agents de l'autorité. Tout le prouve, et la place
qu'occupe l'article 25, après des articles qui sont exclusivement relatifs à la manière de faire la preuve contre les
agents de l'autorité, et ces paroles du rapporteur : « La
preuve admise, il était nécessaire de régler la manière de
la produire et de la combattre et tel est l'objet des cinq
articles suivants (1). » Les paroles du rapporteur s'appliquent à l'article 20 ; évidemment dans ces cinq articles se
trouve l'article 25.

Au surplus l'opinion que nous combattons est en opposition avec la maxime *veritas convicii non excusat*,
puisqu'elle laisse aux magistrats la faculté d'apprécier la
moralité du diffamateur par la moralité du plaignant et
avec l'article 23 de la loi du 26 mai, qui ne permet pas au
prévenu de faire entendre des témoins contre la moralité
du plaignant.

Nous ferons remarquer, en terminant, qu'en édictant
l'article 20 , le législateur de 1819 a tracé une ligne de
démarcation profonde entre les faits de la vie privée et
les faits de la vie publique, qu'il a posé comme règle générale la prohibition de la preuve , et que les cas, dans
lesquels elle est permise, sont des cas d'exception, de dérogation au principe général.

V

De la poursuite.

Les délits de diffamation, comme les délits ordinaires,
donnent lieu à une double action : l'action pour l'applica-

(1) Moniteur, Séance du 17 avril 1819.

tion de la peine, ou action publique, et l'action en réparation du dommage privé, ou action civile. Ces deux actions peuvent être intentées séparément ou cumulativement.

§ 1.

De l'action publique.

L'exercice de l'action publique est confié au ministère public, gardien de l'intérêt social : maître de l'action publique, qu'il peut exercer ou ne pas exercer, il agit seul et selon les inspirations de sa conscience. Telle est la règle du droit commun, reproduite et en même temps modifiée par les articles 1, 4 et 5 de la loi du 26 mai 1819. D'après ces articles, destinés à régler l'exercice de l'action publique, il faut, pour que cette action puisse être exercée, une délibération requérant les poursuites, quand il s'agit de corps constitués, et une plainte émanant de la partie lésée, quand il s'agit de personnes.

D'après l'article 5, la poursuite n'aura lieu, dans le cas de diffamation contre tout particulier, que sur la plainte de la partie qui se prétendra lésée. Cette restriction, mise à l'exercice de l'action publique, est éminemment sage, et l'on comprend que le législateur n'ait pas assimilé la diffamation aux délits ordinaires. Toutes les législations ont constamment reconnu, à côté des délits communs qui intéressent l'ordre public, une classe de délits privés qui ne touchent qu'à des intérêts particuliers et dont la répression n'est pas impérieusement commandée par l'intérêt général. Cette distinction a pris place dans notre Code d'instruction criminelle : l'action publique ne saisit que les délits qui concernent l'ordre général, et, quant à ceux qui ne blessent que des intérêts privés, notre Code criminel l'a subordonnée à la plainte ou à la dénonciation des parties intéressées. Il y a toute une catégorie de délits, tels que l'adultère, le délit de chasse, etc., qui ne peuvent être poursuivis que lorsque la poursuite est requise par les parties : la diffamation est au nombre de ces délits. Voici comment M. de Serres justifiait cette dérogation à la règle générale : « Le ministère public ne peut être autorisé à poursuivre la réparation de l'injure faite à un fonctionnaire, à un particulier, qu'autant que l'un ou l'autre porte plainte. Nul, sans son consentement, ne doit être engagé dans des débats où la justice même et le triomphe ne sont pas toujours exempts d'inconvénients ; et, si le maintien de la paix publique semble demander qu'aucun délit ne reste impuni, cette même paix gagne aussi à ce qu'on laisse guérir d'elles-mêmes des blessures qui s'enveniment dès qu'on les touche(1). » L'intérêt, qu'a la société à la répression de la diffamation, n'est pas en effet bien considérable, et souvent elle gagnerait à l'impunité de ce délit à cause du scandale, produit par les débats judiciaires et par le genre de défense, adopté inévitablement par les prévenus et consistant presque toujours dans de nouvelles attaques. Aussi, comprend-on que, s'agissant d'un délit qui s'attaque à l'honneur des individus ou des familles, chacun soit libre d'apprécier ce qui peut offenser son honneur ou nuire à sa considération, et de choisir entre la poursuite ou le silence, la vengeance ou le mépris.

Dans ces derniers temps, un ancien ministre, M. de Persigny, a soutenu que la législation de la presse était incomplète en ce qui concerne la répression des faits de diffamation et d'injure, et il a proposé de supprimer la plainte et de conférer au ministère public le pouvoir arbitraire de poursuivre, sans être provoqué par aucune dénonciation, toutes les diffamations et toutes les injures qu'il relèverait dans la presse. Cette opinion n'est nullement fondée : nous nous contenterons de lui opposer celle de l'auteur du *Traité d'instruction criminelle* : « La condi-

(1) Séance du 22 mars 1819.

tion de la plainte en matière d'offenses et de diffamation a un double objet : elle laisse aux parties offensées la faculté d'apprécier elles-mêmes dans quelles circonstances la poursuite est nécessaire à leur honneur et à leur considération; elle est destinée ensuite à servir de frein aux poursuites légères et téméraires qui compromettraient la dignité des personnes et des autorités publiques, limiteraient arbitrairement le droit d'examen que les citoyens peuvent exercer sur leurs actes, et tendraient sans cesse à transformer en délits des faits qui ne sont que l'exercice d'un droit. Le législateur a craint que l'action publique, trop facilement mise en mouvement par les passions politiques, ne devint, à raison des attaques dont les pouvoirs publics peuvent être l'objet, un instrument d'oppression. L'intervention nécessaire des parties offensées est, dans l'intention de la loi, une sorte de pouvoir modérateur dont la mission est de n'autoriser les poursuites que lorsque de graves intérêts sont blessés (1). »

La plainte de la partie lésée est donc une condition essentielle, indispensable, de l'action publique; d'où la conséquence que l'absence de la plainte entraîne la nullité de la poursuite. Cette nullité est d'ordre public; elle ne peut pas être couverte par le silence du prévenu et les juges doivent la prononcer d'office. En effet, la plainte n'a nullement été exigée dans l'intérêt du prévenu. Dès lors, il est impossible de soutenir que la renonciation s'induit de son silence et qu'elle doit couvrir la nullité qu'entraîne l'omission de la plainte. Au contraire, comme la question ne peut se présenter qu'en l'absence de la partie lésée, son silence est plutôt une protestation tacite contre la poursuite. Si le législateur a imposé la nécessité de la plainte préalable, c'est parce qu'il a compris, comme nous l'avons déjà dit, que l'ordre public avait souvent plus à gagner à l'impunité de la diffamation qu'à sa répression. Voilà pourquoi la

(1) Faustin Hélie, 2e édition, tome II, p. 313.

plainte est une formalité, à l'accomplissement· de laquelle
les juges doivent veiller dans un intérêt général.

De ce que l'exercice de l'action publique est subordonné
à la plainte de la partie lésée, il ne faudrait pas en conclure que cette action ne reste pas à la disposition du ministère public. S'il ne peut pas agir sans l'assentiment de
la partie lésée, celle-ci ne peut pas non plus le contraindre
à agir contre ses convictions; s'il en était autrement, tous
les principes en matière d'action publique seraient boule-
versés : le ministère public agit toujours d'office et à sa
requête (art. 1 de la loi du 26 mai 1819), et sa règle de conduite est ainsi tracée par M. de Serre : « Ce n'est pas à
dire cependant qu'il suffira de la plainte d'une partie pour
déterminer l'action publique. Toutes les fois que le délit de
diffamation ou d'injure est plutôt une atteinte à l'intérêt
privé qu'à celui de la Société, et c'est presque toujours le
cas, la partie publique laisse à la partie civile le soin d'obtenir elle-même réparation. »

De là cette conséquence que, l'action publique une fois
mise en mouvement et manifestée par un acte de poursuite, la partie lésée n'est plus libre de l'arrêter. Mais
nous allons plus loin, et nous pensons contrairement à l'o-
pinion de M. Chassan (1), que le retrait de la plainte, même
avant le commencement des poursuites, ne peut pas mettre
obstacle à l'exercice de l'action publique. Subordonnée à
une plainte préalable, l'action du ministère public est re-
tenue, tant que cette plainte n'est pas déposée ; mais ce
dépôt a pour effet de mettre en mouvement l'action publique en brisant le lien qui la retenait : alors on rentre dans
les règles du droit commun, le ministère public reprend la
plénitude de ses attributions, et, s'il juge en son âme et
conscience que les faits ont assez de gravité pour exiger
une répression, il peut agir, dès que la plainte est déposée.
La partie lésée doit examiner mûrement, avant de déférer

(1) Loco citato, t. 2, p. 55.

sa plainte au parquet, quelles en peuvent être les conséquences. D'ailleurs nous ne trouvons aucun texte de loi,
qui établisse que la plainte ne peut pas être retirée après
la citation, tandis que, avant la citation, elle pourrait
être annulée par la volonté du plaignant : dès lors, si l'on
admet que le plaignant peut paralyser l'action publique
dans un cas, on doit, pour être logique, admettre qu'il
peut aussi la paralyser dans l'autre. Mais ne voit-on pas
que, s'il en était ainsi, le ministère public serait entièrement à la merci du plaignant, qu'enfin l'Etat pourrait
être obligé de supporter des frais inutiles. Au surplus,
nous pensons que ce serait le cas d'appliquer l'article 4 du
Code d'instruction criminelle.

Une action en dommages-intérêts, portée devant le tribunal civil, peut-elle être considérée comme l'équivalent
d'une plainte et donner ouverture à l'action publique ?
Nous ne le pensons pas; car celui qui, pouvant choisir entre la voie correctionnelle et la voie civile, donne la pré-
férence à la seconde, loin d'avoir eu l'intention de provoquer l'action publique, nous semble au contraire avoir eu
l'intention de l'éviter. D'ailleurs, en créant deux actions
parallèles, le législateur a prévu deux situations différentes, qu'il ne faut pas confondre. Lorsqu'une personne diffamée intente devant un tribunal civil une action en dommages-intérêts, son but principal n'est pas évidemment de
poursuivre la diffamation, mais d'obtenir la réparation du
préjudice matériel qu'elle a éprouvé. Quand, au contraire,
elle s'adresse à la juridicfion correctionnelle, il est certain
que souvent elle ne demande que pour la forme la réparation du préjudice et qu'avant tout elle poursuit la condamnation de celui qui la diffamée. Dès lors il ne serait pas
équitable de placer cette personne, à qui des considérations de famille, d'honneur, peuvent faire redouter la juridiction correctionnelle, dans l'alternative de renoncer à
toute indemnité ou de s'exposer à un scandale certain.

Il nous reste maintenant à examiner la question de savoir, si la plainte de la personne diffamée pourrait mettre en mouvement l'action publique, lorsque cette personne, ayant transigé avec le diffamateur, n'aurait plus le droit de se porter partie civile. Bien que, pour l'affirmative, on soutienne qu'il n'est pas permis de transiger sur des questions d'ordre public et qu'enlever à la personne diffamée le droit de provoquer l'exercice de l'action publique, ce serait la dépouiller d'un droit, qu'elle n'a point abdiqué, et ériger en principe qu'en matière de diffamation l'exercice de l'action publique s'éteint par la transaction des parties, ce qui est contraire aux règles du droit commun, nous n'hésitons pas cependant à adopter la négative. Et d'abord il est bien manifeste que le diffamateur a eu surtout en vu, en transigeant, d'éviter la poursuite correctionnelle, qui pouvait naître de la plainte, et qu'il n'aurait pas transigé, s'il avait pu croire que la partie lésée ne s'était pas expressément interdit le droit de porter plainte et que par la transaction il n'était pas à l'abri des poursuites du ministère public. C'est bien là en effet l'engagement que contracte la partie lésée. Or, comme le droit de porter plainte est un droit purement privé, nécessairement aliénable, il suit de là que la plainte, dans le cas de transaction, est inadmissible. En l'absence de toute disposition législative expresse, ces considérations seraient suffisantes pour justifier l'opinion que nous adoptons ; mais il en est d'autres, qui ont plus de gravité. La plainte, qui, en faisant disparaître l'obstacle, qui retenait l'action publique, la met en mouvement, naît évidemment d'un droit qu'a la partie lésée. Ce droit, qui donne au plaignant le pouvoir exhorbitant de provoquer l'exercice de l'action publique, ne peut s'expliquer en l'absence d'une lésion, et c'est dans un fait de lésion qu'il puise son origine. Or, la personne, qui a transigé, ne peut plus invoquer un préjudice éprouvé, qui n'existe plus, puisqu'il a été réparé. Le droit de plainte doit donc s'évanouir avec la lésion, et, la plainte n'étant plus possible, l'action publique ne peut pas être mise en mouvement.

Le droit de porter plainte, c'est-à-dire de provoquer l'exercice de l'action publique, appartient exclusivement à la partie lésée personnellement par le délit. Le père, le tuteur peuvent porter plainte au nom du mineur, mais, s'ils n'ont pas souffert eux-mêmes de l'infraction, ils ne peuvent pas porter plainte en leur nom personnel. Le mari peut en son nom personnel demander à la justice réparation d'une diffamation proférée contre sa femme, lorsqu'il est atteint personnellement dans son honneur. Mais si l'imputation diffamatoire s'adressait exclusivement à la femme, la plainte du mari, sans le consentement de la femme, ne suffirait pas pour mettre l'action publique en mouvement : c'est surtout pour la femme qu'il est vrai de dire *qu'elle ne doit pas, sans son consentement, être engagée dans des débats, où la justice et le triomphe ne sont pas toujours exempts d'inconvénients.* Pour porter plainte, la femme n'a pas besoin de l'autorisation de son mari : la loi, en effet, ne comprend point cet acte parmi ceux que la femme ne peut pas faire sans l'autorisation maritale. Porter plainte, ce n'est pas ester en justice.

Quant à la forme de la plainte, la loi n'a exigé à cet égard aucune formalité spéciale : il suffit d'un écrit quelconque, d'une simple lettre missive, manifestant chez l'individu diffamé l'intention de provoquer une poursuite. Ce que la loi a voulu, ce n'est pas une plainte dans le sens juridique de cette expression, mais une simple démonstration propre à constater la volonté du plaignant, et si un écrit est exigé, c'est uniquement pour que sa volonté soit constatée d'une manière non équivoque. Ce serait, en effet, se tromper que de croire qu'à la plainte dont nous parlons doit s'appliquer l'art. 6 de la loi du 26 mai 1819, et qu'elle doit qualifier les faits diffamatoires, à peine de nullité de la poursuite : dans cet article, il ne s'agit que de la plainte du diffamé partie civile, de la plainte qui sert de base à l'action civile, comme le réquisitoire sert de base à l'action publique.

D'après l'art. 29 de la loi du 26 mai 1819, « l'action publique se prescrit par six mois révolus, à compter du fait de la publication qui donnera lieu à la poursuite. » Le décret du 17 février 1852 a rétabli le droit commun, c'est-à-dire la prescription de trois ans.

§ 2

De l'action civile.

L'action civile, qui naît d'un délit quelconque, et spécialement de la diffamation, ne doit pas être confondue avec l'action accordée par l'art. 1382 du code civil à raison de tout fait de l'homme, qui cause un dommage à autrui par suite d'une faute.

Lorsque la partie qui se prétend lésée intente l'action civile, il ne suffit pas qu'elle prouve, pour obtenir la réparation du dommage souffert, que ce dommage lui a été causé par la faute d'autrui : il faut en outre qu'elle prouve qu'il lui a été causé par le délit d'autrui. La partie civile, après avoir saisi le tribunal par sa citation, ne doit pas seulement justifier le tort matériel qu'elle a éprouvé, elle doit surtout démontrer l'infraction dont elle a été victime. Si elle ne prouvait pas le délit, son action serait non recevable, parce que le préjudice doit prendre sa source dans un délit, pour que la juridiction correctionnelle puisse l'apprécier.

Lorsque le délit de diffamation est constaté et puni, l'action de la partie civile est toujours recevable, et des dommages-intérêts lui sont dus pour le fait seul de la diffamation, lors même qu'il n'en est résulté aucun préjudice appréciable. Le droit à la réparation prend son origine dans le fait diffamatoire en lui-même et non dans ses résultats, et ce n'est pas seulement la réparation du dommage causé par la faute d'autrui, mais aussi la réparation

9

de l'offense, que demande la partie civile. Il peut donc arriver que des dommages-intérêts ne soient accordés qu'à cause du délit, si aucun dommage civil appréciable n'a été causé. Le juge a un pouvoir discrétionnaire qui le rend maître de la quotité de l'indemnité : il doit proportionner cette indemnité non-seulement à l'étendue du dommage causé, mais aussi à la souffrance occasionnée par l'immoralité de l'action, prendre en considération les chagrins causés par le déshonneur et la déconsidération, tenir compte des circonstances de sexe, d'âge, d'éducation, de position sociale, sans oublier toutefois qu'il doit indemniser le diffamé par une réparation légitime et non ruiner le diffamateur.

Indépendamment de la réparation de l'offense, le juge aura encore à s'occuper de la réparation du préjudice causé, c'est-à-dire de l'action au point de vue purement civil. Cette appréciation ne lui est déférée en police correctionnelle que d'une manière accessoire et dans le cas seulement où la culpabilité est constatée : c'est pour éviter un circuit d'action que la loi l'a constitué juge civil.

Lorsque l'imputation d'un fait diffamatoire n'a pas été dictée par l'intention de nuire, *animo injuriandi*, on ne peut intenter contre l'auteur de l'imputation que l'action purement civile, accordée par l'art. 1382, d'après lequel tout fait quelconque de l'homme, qui cause un dommage à autrui, oblige celui par la faute duquel il est arrivé à le réparer. En principe, des dommages-intérêts ne sont dus qu'autant que le demandeur fournit la justification d'un dommage réel, qui doit être apprécié au moyen d'évaluations matérielles et positives. C'est à la sagacité du juge qu'est réservé le soin de rechercher si les inconvénients matériels, dont se plaint la personne diffamée, sont le résultat de la diffamation. Si, par exemple, la diffamation a été la cause de la révocation d'un testament ou de la perte d'un emploi, il ne peut exister aucune difficulté : la loi qui refuserait une réparation civile serait anti-sociale ;

mais ces cas se présentent fort rarement dans la pratique, et le plus souvent il est fort difficile de donner une évaluation matérielle et positive du dommage causé. Alors le devoir du magistrat est de déclarer l'écrit ou le propos attentatoire à l'honneur ou à la considération du demandeur, d'ordonner la suppression de l'écrit, d'autoriser l'affiche du jugement, et de condamner le défendeur aux dépens de l'instance et à des dommages-intérêts suffisants pour indemniser la partie qui triomphe de tous les frais et faux-frais, qu'elle a été obligée d'exposer pour obtenir justice.

Tels sont les vrais principes applicables à l'action purement civile, qui, nous ne saurions trop le faire remarquer, ne doit jamais devenir un moyen de spéculation.

En matière de presse, la loi fournit une solution équitable. L'art. 11 de la loi du 25 mars 1822, ordonnant aux propriétaires ou éditeurs de tout journal ou écrit périodique d'y insérer gratuitement la réponse de toute personne, nommée ou désignée dans ce journal ou cet écrit périodique, la personne nommée ou désignée pourra y faire insérer une note rectificative ou explicative. Mais si, au lieu d'être contenue dans un journal, la diffamation se trouve dans un livre sérieux, une histoire par exemple, l'embarras augmente à la fois et sur la question de rectification et sur la question d'intention ; car l'écrivain peut ne pas connaître la personne désignée. Pour aussi innocente qu'ait été l'intention de l'écrivain, s'il n'a pas commis une diffamation, il a pu du moins commettre ce fait dommageable dont parle l'art. 1382 et qui oblige son auteur à le réparer. Quel sera le mode de réparation? Il ne devra presque jamais consister dans le paiement d'une somme d'argent, le principal objet de la réparation sera de faire cesser dans l'avenir la cause du dommage. Ce sera au plaignant à proposer les moyens de réparer le mal volontairement causé, et, après un débat contradictoire, le juge adoptera celui qui lui paraîtra le plus équitable. Ces principes sont consacrés dans un jugement du tribunal (24 juillet 1857), et un arrêt de la cour de Paris (17 avril 1858), intervenus entre les héritiers du prince Eugène de Beauharnais et l'éditeur des *Mémoires posthumes* du maréchal Marmont, qui contenaient de graves imputations contre le vice-roi d'Italie, entre autres, celles d'avoir désobéi à l'empereur, d'avoir intrigué dans ses seuls intérêts, afin d'échapper au désastre dont l'empire était menacé, et d'avoir causé la catastrophe de 1814.

Tandis que l'action civile, résultant de l'art. 1382, peut être exercée contre le prévenu ou ses représentants par toute personne ayant un intérêt à l'exercer, celle qui est exercée devant les tribunaux correctionnels appartient exclusivement à la partie lésée par le délit. Elle doit être intentée par cette partie personnellement, ou en son nom par ceux qui la représentent légalement. Cette action ne peut être introduite ni par l'héritier, ni contre l'héritier : *Injuriarum actio neque heredi neque in heredem datur.* Mais elle passe aux héritiers, quand elle a été introduite par une partie avant son décès : *Semel autem lite contestata hanc actionem ad successores pertinere.* Les principes du droit romain, suivis dans notre ancien droit, ont été adoptés par notre législation actuelle. L'action en diffamation est essentiellement personnelle à la partie lésée : si les héritiers sont censés en général continuer la personne du défunt, ce ne peut être que pour les droits qu'ils trouvent dans la succession, et non pour ceux auxquels leur auteur est présumé avoir renoncé. Or, la personne diffamée, qui n'a pas porté plainte, doit être présumée avoir méprisé ou pardonné l'offense.

Nous sommes ainsi amené à examiner une des questions les plus importantes de cette thèse, celle de savoir si l'art. 12 de la loi du 17 mai et l'art. 5 de celle du 26 mai 1819 donnent à l'héritier le droit de poursuivre la diffamation commise contre la mémoire de ceux qu'il représente, question très importante en ce qu'elle met en présence de

grands et respectables intérêts : d'une part, le respect dû
à la mémoire des morts, l'honneur et la paix des familles ;
d'autre part, le droit protecteur de la liberté d'écrire et des
franchises de l'histoire.

Parmi les procès célèbres, auxquels cette question a
donné lieu, nous croyons devoir rappeler celui que, peu de
mois après la publication de la loi de 1819, la veuve du
maréchal Brune intenta au journaliste Martainville à l'occasion d'un article, inséré dans le *Drapeau blanc* et incri-
minant la conduite du maréchal ; celui des héritiers du
procureur général La Chalotais contre le journal l'*Étoile*,
qui avait publié un portrait du célèbre magistrat ; et celui
des héritiers de monseigneur Rousseau, ancien évêque
d'Orléans, contre monseigneur Dupanloup, à suite d'une
brochure dans laquelle le célèbre prélat blâmait les actes
de son prédécesseur et lui reprochait d'*avoir ignoré
l'honneur épiscopal*. Cette question, résolue négativement
dans le premier procès par le jury (18 août 1819), dans le
second par le tribunal de la Seine (19 avril 1826), et dans
le troisième par la Cour de Paris (19 mars 1860), a été résolue affirmativement dans ce dernier procès par la Cour
de cassation, statuant sur un pourvoi formé dans l'intérêt
de la loi (24 mai 1860).

Nous ne pensons pas qu'on puisse adopter l'opinion de la
Cour de cassation sans violer ce grand principe de notre
droit criminel, que le juge ne peut jamais, en matière criminelle, suppléer au silence de la loi pénale et étendre la
pénalité d'un cas à un autre, pour l'appliquer à des faits
que le législateur n'a pas expressément et formellement
prévus, qu'en un mot il ne peut pas créer des délits par
voie d'interprétation. En effet, la loi de 1819 ne prévoit
pas la diffamation contre la mémoire des morts. Ce fait
n'avait pas non plus été incriminé par la législation pré-
existante : le Code pénal de 1810 n'avait voulu protéger
contre la calomnie que les personnes vivantes, puisque,
d'après l'art. 367, la calomnie pouvait les exposer à des

poursuites criminelles ou correctionnelles. Il est permis de supposer que, si le législateur de 1819 avait eu l'intention d'établir une seule et même règle pour les vivants et pour les morts, il l'aurait dit d'une manière formelle, car la différence qui existe entre la vie et la mort est assez grande ; dans tous les cas, il aurait réglementé ce droit de poursuite quant à son mode d'exercice. Or, la loi est muette, et il n'est jamais ni dans l'exposé des motifs, ni dans les discours préparatoires, fait mention des attaques qui peuvent être dirigées contre la mémoire des morts. Ce silence est selon nous la preuve la plus certaine, la plus manifeste, que le législateur n'a pensé qu'aux vivants, n'a voulu disposer qu'à l'égard des vivants, et la seule explication juridique de ce silence est l'impunité. Des considérations morales, quelque puissantes qu'elles soient, des analogies, ne peuvent pas autoriser la violation du principe salutaire que nous invoquons.

Cet argument, tiré du silence absolu du législateur, n'est pas le seul qu'on puisse invoquer à l'appui de l'opinion qui refuse à l'héritier le droit de poursuivre la diffamation contre la mémoire de son auteur.

L'art. 13 de la loi du 17 mai 1819 exige, comme condition essentielle de l'existence du délit de diffamation ; qu'une personne soit atteinte dans son honneur ou sa considération. Le sens du mot personne est fixé dans le langage du droit ; les personnes sont des êtres capables d'avoir et de devoir des droits ; le délit envers les personnes consiste dans la violation des droits qu'elles ont à la conservation de leurs biens matériels et moraux, de leur honneur et de leur considération, quand il s'agit de diffamation. Ces mots « *atteinte à l'honneur ou à la considération de la personne ou du corps,* » n'éveillent dans l'esprit que l'idée d'une personne actuellement vivante, d'un corps actuellement existant. Tel est le sens du mot *personne* dans le langage du droit, et surtout dans celui du droit criminel. Il ne nous paraît pas possible que le législateur, en employant le 'mot *personne*, ait voulu parler à la fois des vivants et des morts, surtout en présence du mot *considération*, qui ne peut pas s'appliquer à une personne décédée : on a du respect pour la mémoire des morts ; mais on n'a de la considération que pour les vivants.

Il n'est pas d'ailleurs difficile d'expliquer pourquoi le législateur n'a parlé que des vivants ; la raison en est simple. La diffamation et l'injure n'offensent que très indirectement l'ordre public ; ce qu'elles blessent principalement, c'est un intérêt privé. La loi protége les vivants, parce que la diffamation apporte dans leur existence un trouble grave, plus grave peut-être que les violences physiques. Mais si la société a un intérêt visible à protéger les vivants contre la diffamation, elle en a un autre non moins certain à abandonner les morts à la critique.

D'après l'art. 5 de la loi du 26 mai 1819, la poursuite ne peut avoir lieu que sur la plainte de la partie qui se prétendra lésée : nous rencontrons dans cet article la preuve évidente que le législateur a voulu restreindre le droit de plainte à l'individu personnellement attaqué. Il est vrai que les partisans de l'opinion contraire soutiennent que cet article accorde le droit de plainte, non seulement à la personne diffamée, mais encore à l'héritier qui peut se prétendre lésé par une diffamation dirigée contre son auteur décédé. Mais une pareille interprétation n'est pas possible en présence des art. 2, 3 et 4 de la loi précitée, dans lesquels la pensée de n'accorder le droit de plainte qu'à l'individu personnellement offensé se révèle si clairement : « La poursuite n'aura lieu que sur la plainte ou à la requête du souverain ou du chef du gouvernement, *qui se croira offensé* (art. 3). » Si le législateur, dans l'art. 5, a employé une autre expression, *la partie qui se prétendra lésée*, c'est uniquement parce que cet article, s'occupant à la fois de la diffamation contre tout dépositaire ou agent de l'autorité publique et contre tout agent diplomatique étranger, et de la diffamation envers les particuliers, ces mots : *la partie qui se prétendra lésée,* s'appliquent aux trois classes de personnes désignées dans l'article. S'il en était autrement, si le législateur avait voulu réserver le droit de plainte à l'héritier de l'agent diplomatique, comment expliquer qu'il l'eût refusé si formellement à l'héritier du souverain étranger? D'ailleurs, ce qui doit dissiper tous les doutes sur l'interprétation de l'art. 5 et sur le sens des mots « *la partie qui se prétendra lésée,* » c'est l'art. 17 de la loi du 25 mars 1822, d'après lequel la poursuite ne peut avoir lieu que sur la plainte du « particulier qui se croira diffamé ou injurié. » Cet article contient le commentaire de l'art. 5; et quoiqu'il ait été abrogé par l'art. 5 de la loi du 8 octobre 1830, il n'en conserve pas moins toute son autorité, pour expliquer la pensée du législateur de 1819.

L'interprétation que nous combattons conduirait forcément à la conséquence suivante : c'est que tout individu, qui prouverait qu'une imputation diffamatoire, dirigée contre une autre personne, lui a causé un préjudice, aurait le droit de se prétendre lésé et de poursuivre correctionnellement le diffamateur. Ainsi il faudrait décider que, dans le cas de diffamation envers une personne vivante, qui, méprisant la diffamation, garderait le silence, les enfants lésés par l'imputation dirigée contre leur père, auraient le droit de poursuivre de leur chef; car ou l'art. 5 de la loi du 26 mai leur accorde le droit de plainte toutes les fois qu'ils sont lésés, ou il ne le leur accorde dans aucun cas. L'associé du diffamé devrait avoir le même droit, car la diffamation, dont son associé est l'objet, peut lui causer un préjudice considérable. Les partisans de l'opinion, que nous combattons, iront-ils jusques là?

C'est en vain que, transportant sur un terrain, où elles ne sauraient trouver d'application, les théories du Code civil, on a prétendu rattacher le droit qu'on accorde aux héritiers à la fiction; suivant laquelle ils continuent la personne de leur auteur. Dès 1826, dans le procès La Chalotais, M⁣ᵉ Hennequin, qui défendait l'*Etoile*, répondait victorieusement à cet argument : « On a cité le Code civil, disait le célèbre avocat, mais le Code civil peut-il motiver une condamnation correctionnelle ? » On a fait aussi un singulier abus de l'article 727 du Code civil, en prétendant qu'il pour objet de protéger la mémoire du défunt, tandis qu'il n'a été édicté que pour défendre sa vie. En effet, cet article ne déclare indignes de succéder que : 1° celui qui serait condamné pour avoir donné ou tenté de donner la mort au défunt; 2° celui qui a porté contre le défunt une accusation capitale jugée calomnieuse; 3° l'héritier majeur, qui, instruit du meurtre du défunt, ne l'aura pas dénoncé à la justice. On voit donc que l'imputation la plus grave, verbale ou écrite, proférée dans un lieu public ou répandue par la voie de la presse, ne serait pas suffisante pour faire encourir l'indignité : la loi exige autre chose : une dénonciation capitale, jugée calomnieuse, en d'autres termes, une provocation à un meurtre juridique.

Admettons pour un instant l'argument, que l'on prétend tirer du Code civil. Mais alors faudra-t-il être héritier acceptant pour avoir le droit de porter plainte? La réponse ne peut être qu'arbitraire. Si l'on répond que l'acceptation de l'héritier n'est pas nécessaire, on doit renoncer à la fiction qu'on invoque, on ne peut plus dire que c'est en sa qualité de continuateur de la personne du défunt que l'héritier a le droit d'agir. Si au contraire on n'accorde ce droit qu'à l'héritier acceptant, il faut en conclure que le fils, qui, pour éviter la ruine, n'a pas accepté la succession de son père, a en même temps renoncé au droit de défendre son honneur !

Au surplus, la loi a bien pu transmettre à l'un de ses membres le nom et les biens d'un autre homme : elle ne l'a pas pour cela substitué à sa personne. On aura beau dire : l'héritier ne sera jamais le défunt lui-même. Dès-lors comment aurait-il le droit de faire, au nom du défunt et sous prétexte de venger son honneur, ce que le défunt n'eût peut-être pas fait s'il avait été de ce monde. Ainsi il peut ne pas déplaire à un honnête homme d'être accusé d'une infâmie par tel ou tel individu, car il peut estimer qu'il y a des gens dont il n'est pas déshonorant d'être méprisé. Et, si cet honnête homme était mort et que le même individu versât l'injure sur sa mémoire, comment oser prétendre que l'héritier pourrait exercer un droit, dont le défunt n'aurait jamais voulu user de son vivant?

Nous sommes ainsi amené à demander aux partisans de l'opinion que nous combattons : Comment l'héritier prouvera-t-il que le défunt, s'il vivait encore, ne mépriserait pas la diffamation, ne pardonnerait pas à son auteur ou ne reculerait pas devant l'épreuve d'un débat contradictoire, qui sera le plus souvent plus funeste à sa mémoire que le silence? La personne diffamée peut seule trancher ces questions si délicates, dans lesquelles son honneur est engagé. Voilà pourquoi le droit de poursuite, en cette matière, est un droit exclusivement attaché à la personne, qui ne passe point aux héritiers, même pour les diffamations proférées pendant la vie du défunt, si ce dernier n'a pas lui-même porté plainte. Ce n'est pas tout : s'il existe plusieurs héritiers, exigera-t-on, comme dans les cas de diffamation contre les Cours, tribunaux ou autres corps constitués, une délibération, prise en assemblée générale et requérant les poursuites (1)? Ou bien accordera-t-on à un seul héritier le droit de venger la mémoire du défunt par une poursuite correctionnelle, lors même que les autres s'y opposeraient, jugeant le silence plus prudent et plus respectueux pour la mémoire de leur auteur ? En vain a-t-on proposé de faire décider par les tribunaux, lorsque les héritiers ne seront pas d'accord, le point de savoir si le procès doit être engagé. Un pareil expédient est en opposition avec la loi, et, comme l'a dit avec beaucoup de raison notre savant professeur,

(1) Art. 4 de la loi du 26 mai 1819.

M. Massol, il consisterait à substituer l'action de la magistrature à celle de la partie offensée. Compétents pour statuer s'il y a diffamation punissable, les magistrats n'ont pas, en effet, pour mission de peser les considérations, de mettre en balance les avantages et les inconvénients d'un procès; ils ne tracent pas de ligne de conduite. D'ailleurs à un autre point de vue il ne nous parait pas possible de faire déclarer par un tribunal qu'il y a lieu d'autoriser les poursuites : sa décision constituerait un préjugé et le diffamateur n'aurait pas été entendu! Toutes ces difficultés et d'autres encore, que nous pourrions accumuler, le législateur, s'il eût entendu punir la diffamation envers les morts, les eût certainement aperçues et n'eût pas manqué de les résoudre : il eût été fatalement conduit à créer une législation spéciale afin de réglementer l'exercice de l'action, qu'il aurait accordée aux héritiers. L'absence de dispositions législatives à cet égard est une preuve qu'il n'a pas songé aux morts, qu'il n'a voulu protéger que les vivants.

Nous pensons avoir prouvé que l'opinion, adoptée par la Cour de Cassation dans son arrêt du 24 mai 1860, est à la fois contraire au texte et à l'esprit de la loi de 1819. On peut encore lui reprocher d'anéantir les droits de la conscience humaine et de méconnaître toutes les franchises de l'histoire, en défendant d'examiner la conduite des morts et de les soumettre à ce jugement, dont parle Bossuet avec admiration et qui fut la gloire de l'antique Egypte (1).

Quel est, en effet, l'écrivain qui osera révéler la conduite des hommes publics, arracher les masques, dévoiler les turpitudes, si la diffamation envers les morts est un délit, s'il est exposé aux poursuites des héritiers, si ceux-ci peuvent appeler devant les tribunaux des jugements que l'histoire a portés sur leur auteur? Que deviendra l'indépendance de l'historien, où serait l'utilité des enseigne-

(1) Discours sur l'Histoire Universelle, Part. 3, chap. 5.

ments de l'histoire, s'il lui est interdit de diffamer les morts? Mais, nous dit-on, le véritable historien n'a rien à craindre, il a le droit de dire toutes les vérités, même celles qui doivent déshonorer; c'est là le privilége de l'histoire impartiale et honnête. Raisonner de la sorte, ce n'est pas appliquer la loi, ce n'est pas même l'interpréter, c'est la refaire : on oublie, en effet, qu'il n'est pas permis de porter atteinte à la réputation d'une personne, même en disant la vérité. On arrive à cette contradiction, que celui qui aura imputé un fait vrai à une personne vivante n'aura pas le droit de prouver la vérité de son imputation, tandis que l'historien sera admis à faire cette preuve. La même imputation diffamatoire sera innocente, si elle est contenue dans un ouvrage d'histoire, coupable, si elle est renfermée dans un pamphlet ou tout autre écrit : la culpabilité variera avec la personne de l'écrivain, le format de la publication. Enfin l'historien jouira-t-il du même privilége, si, au lieu d'écrire l'histoire du passé, il raconte les événements contemporains? Toutes ces distinctions ne sont pas dans la loi : si l'on décide que la diffamation envers les morts n'est pas punissable, les franchises de l'historien sont sauvegardées; si l'on adopte l'opinion contraire, on ne peut pas placer l'historien dans une situation particulière, car la loi de 1819 prohibe la preuve d'une manière générale, et il n'est pas permis de faire découler d'une même disposition législative des règles complètement différentes.

On allègue encore que l'historien sera à l'abri des poursuites, parce qu'il n'a pas eu l'intention de nuire, qui est l'élément essentiel du délit. Grossière erreur : dans bien des cas, l'historien pourra être animé de l'intention de nuire, et cette intention pourra être non-seulement innocente, mais même digne d'éloges. S'il trace le portrait de certains hommes, dont le nom a retenti bruyamment dans les drames révolutionnaires, peut-on lui interdire de chercher à nuire à leur mémoire? Lorsqu'un écrivain, découvrant que tel personnage, dont le nom est entouré d'honneur, n'était au fond qu'un scélérat de la pire espèce, révèle ses turpides et lui inflige des stigmates, que Tacite n'aurait pas désavoués, il a évidemment l'intention de nuire à sa mémoire, et cependant il n'est pas coupable ; le condamner, ce serait outrager la conscience publique et méconnaître les franchises de l'histoire.

Il nous semble, d'ailleurs, que la dignité de la justice n'a rien à gagner à ce que les tribunaux correctionnels soient appelés à débattre les points litigieux de notre histoire. Ou ils n'admettront pas, s'en tenant aux termes de la loi, que l'historien fasse la preuve du fait allégué et déclareront purement et simplement qu'il est diffamatoire, et alors plus d'histoire possible, c'est mettre éternellement la vérité sous le boisseau ; ou ils laisseront discuter l'accusation et rendront leur jugement ; mais, ce sera bien pis : nous aurons une histoire légale, fabriquée à coup d'arrêts et fixée en dernier ressort par la Cour de cassation, toutes chambres réunies.

Enfin est-il vrai que le silence du législateur sur la diffamation envers les morts soit involontaire et qu'il y ait une lacune dans la loi de 1819 ? Nous ne le pensons pas : un pareil oubli paraîtrait, en effet, bien extraordinaire, surtout si l'on songe que le délit de violation de sépultures est placé à côté des injures dans le Code pénal (art. 360), et que dans le titre *de Injuriis* au Digeste, que le législateur a dû avoir souvent sous ses yeux, il est plusieurs fois question de la diffamation envers les morts. Tout en reconnaissant que l'atteinte portée à la mémoire d'un mort est, selon les idées religieuses, une impiété et, en morale pure, une action plus blâmable que la diffamation envers les vivants, nous croyons que le législateur a été dominé par une considération plus puissante : il a voulu maintenir intacts les droits de l'histoire. Il est permis de supposer aussi qu'après avoir entouré les vivants d'une infinité de garanties, après avoir, peut-être dans un intérêt personnel, soustrait leur conduite à toutes les investigations, les auteurs de la loi de 1819 ont voulu, en ne parlant pas des morts, faire une concession à ceux, qui, repoussant leur principe, pensent que la vie privée des citoyens devrait être ouverte aux regards de tous.

VI
Des immunités en matière de diffamation.

§ 1.

Discours tenus et écrits produits dans le sein des deux chambres.

Pour assurer l'indépendance des assemblées politiques, la liberté de leurs discussions, il est nécessaire que les discours, qui y sont prononcés, ne puissent être poursuivis sous prétexte de diffamation ou d'outrage. Les membres de ces assemblées ne doivent pas, lorsqu'ils accomplissent leur devoir en faisant entendre des vérités utiles, être dominés par la crainte de s'exposer à des poursuites. L'immunité dont ils jouissent résulte de la nature des choses, elle est la condition d'existence de toute assemblée parlementaire. « La discussion, disait M. Royer-Collard, est le moyen de délibération. Si donc les discours, tenus dans les Chambres, étaient soumis à une action extérieure quelconque, la délibération des chambres ne serait pas indépendante. Or, l'entière et parfaite indépendance des Chambres est la condition de leur existence. C'est pourquoi c'est un axiome du gouvernement représentatif que la tribune n'est justiciable que de la Chambre (1). »

Cette immunité, qui est contemporaine en Angleterre de l'établissement du gouvernement libre, fait son apparition

(1) Séance du 20 avril 1819.

en France dans l'article 43 de la Constitution du 24 juin 1793 : « Les députés ne pourront être recherchés, accusés, ni jugés en aucun temps pour les opinions qu'ils ont énoncées dans le sein du Corps législatif. » Reproduite dans l'article 100 de la Constitution du 5 fructidor an III, dans le deuxième alinéa de l'article 367 du Code pénal, elle est enfin de nouveau proclamée dans l'article 21 de la loi du 17 mai 1819 :

« Ne donneront lieu à aucune action les discours, tenus dans le sein de l'une des deux Chambres, ainsi que les rapports ou toutes autres pièces imprimées par ordre de l'une des deux Chambres. »

Cet article, édicté sous la Restauration pour assurer l'indépendance de la Chambre des pairs et de la Chambre des députés, s'applique évidemment aujourd'hui au Sénat et au Corps législatif. Il ne peut pas exister le moindre doute à cet égard en présence de l'article 9 du décret du 2 février 1852, qui n'est que la reproduction textuelle de l'article 43 précité de la Constitution du 24 juin 1793.

Nous pensons toutefois que l'irresposabilité dont jouissent les sénateurs et les députés est un privilége, qui doit être renfermé rigoureusement dans les limites, que la loi a posées, et qui ne doit s'appliquer qu'aux discours tenus et aux rapports ou autres pièces imprimées par ordre des Chambres. Ainsi ce privilége ne s'étend pas aux opinions écrites des sénateurs et députés, qui n'ont pas été prononcées dans le sein du Sénat ou du Corps législatif, et cela se comprend. Si les sénateurs et les députés ne peuvent pas être traduits devant les tribunaux à raison des discours qu'ils prononcent dans la Chambre, c'est parce qu'ils sont soumis à la juridiction de la Chambre, qui peut infliger à ses membres des peines déterminées par le réglement. Mais le député ou le sénateur, qui fait imprimer son opinion, rentre dans le droit commun : ce n'est plus à la Chambre qu'il s'adresse, mais à la masse des citoyens, et dans ce cas, citoyen ordinaire, il doit rester soumis aux lois communes à tous les citoyens. « Nos paroles, disait M. Royer-Collard, sont soumises à votre juridiction, mais les écrits ne le sont pas. Ne les entendant pas, vous ne pouvez pas les juger, s'ils sont coupables. La Chambre répond sous certains rapports de ce que nous avons dit devant elle, et c'est parce qu'elle en répond que nous n'en répondons à personne ; mais elle ne peut pas répondre sous les mêmes rapports de nos écrits, parce qu'elle n'est pas obligée de nous lire, comme elle est obligée de nous entendre. »

Les discours, imprimés aux frais des députés qui les ont prononcés et avec l'autorisation indispensable de la Chambre, jouissent-ils du privilége de l'article 21? Nous ne le pensons pas. Il existe en effet une trop grande différence entre un discours isolé et les débats de la Chambre reproduits dans leur entier. « Le discours livré tout seul à l'impression, disait M. de Serre, parcourra tout seul le royaume ; cependant il n'a pas été proféré seul. S'il contient des offenses, il a pu y être répondu à l'instant même dans la Chambre. Voilà l'avantage de vos délibérations, c'est qu'elles sont complètes, c'est que, si le mal est dit, il peut être réparé à l'instant. » Ce privilége ne doit s'appliquer aujourd'hui qu'au compte-rendu in extenso du Journal Officiel et au compte-rendu analytique à l'usage des autres journaux.

Ces mots *discours tenus dans le sein de l'une des deux Chambres* concernent non seulement les sénateurs et les députés, mais même les commissaires du gouvernement, chargés de soutenir les projets de loi, et les personnes, qui pourraient être appelées par les Chambres à fournir devant elles des explications.

Cette immunité ne s'étendra pas aux pétitions adressées au Sénat, car une pétition n'est pas un écrit imprimé par ordre du Sénat dans le sens de l'article 21. Toutefois les protestations, quoique il paraisse difficile au premier abord de les faire rentrer dans les termes de l'article 21, doivent jouir de ce privilége. Le droit de protestation est en effet une de nos garanties constitutionnelles : sans ce droit et, le libre exercice de ce droit, la pureté de toute élection serait compromise. Quel est l'électeur qui oserait protester, s'il pouvait craindre une poursuite en diffamation suivant les règles du droit commun, si, n'ayant pas la possibilité de se défendre, il avait la certitude d'être puni comme diffamateur. Il nous semble d'ailleurs que le Corps législatif, lorsqu'on discute devant lui la validité d'une élection est constitué en tribunal, et que les protestations qui lui sont adressées doivent être assimilées aux écrits produits devant les tribunaux et jouir, comme eux, du privilège de l'article 23.

En ce qui concerne les conseils municipaux, les conseils d'arrondissement, les conseils généraux, l'exception de l'article 21 doit-elle être renfermée rigoureusement dans les termes de cet article? Nous ne le pensons pas : si l'on veut qu'ils parlent avec indépendance, les membres de ces conseils ne doivent être justiciables que des conseils dont ils font partie, et les discours tenus dans le sein de ces conseils, ainsi que les rapports, imprimés par leur ordre, ne doivent donner lieu à aucune poursuite. L'intérêt public exige l'application de ce principe d'irresponsabilité, qui, étant une condition d'existence de ces assemblées, domine la loi elle-même.

§ 2

Discours tenus et écrits produits devant les tribunaux.

L'immunité dont nous venons de parler n'est pas moins nécessaire devant les tribunaux que dans les assemblées politiques. Il est nécessaire, si l'on veut que la défense soit complète, que le plaideur ou son avocat soient libres de

10

dire tout ce qu'il importe aux tribunaux de connaître pour l'exacte appréciation des procès qui leur sont soumis, de porter atteinte à l'honneur ou à la considération de la partie adverse, lorsque la divulgation des faits de nature à la déshonorer est une impérieuse nécessité de la cause. Pour arriver à la manifestation de la vérité, qui est le premier besoin de la justice, la liberté de discussion doit être assurée au plaideur. Cette vérité est tellement incontestable que l'indépendance du plaideur et de son avocat a été reconnue dans tous les temps. Voici comment s'exprimait la loi romaine à cet égard : « *Ante omnia autem universi advocati ita præbeant patrociniajurganlibus: ut non ultra quam litium poscit utilitas, in licentiam conviciandi, et maledicendi temeritatem prorumpant: agant, quod causa desiderat : temperent se ab injuria.* » La loi romaine, tout en reconnaissant que la partie ou l'avocat ont quelquefois le droit d'alléguer des faits injurieux, ne leur permet de recourir à ces moyens que s'ils sont commandés par les besoins de la cause. « *Nam si quis adeo procax fuerit, ut non ratione sed probis putet esse certandum, opinionis suæ imminutionem patietur, nec enim conniventia commodanda est, ut quisquam negotio derelicto in adversarii sui contumeliam aut palam pergat, aut subdole* (1). »

Ce privilége avait été consacré par notre ancien droit et par l'art. 377 du Code pénal; mais ni la loi romaine, ni notre ancien droit, ni le Code pénal de 1810 ne distinguaient entre les faits diffamatoires, qui, se rapportant à la cause, sont excusés par les besoins de la défense, et les faits étrangers à la cause. Il a été donné au législateur de 1810 de faire cette distinction si naturelle et si sage.

« Ne donneront lieu à aucune action en diffamation ou njure les discours prononcés ou les écrits produits devant les tribunaux; pourront, néanmoins, les juges saisis de la

(1) Code l. 6, § 1, de Postulando (II-6).

cause, en statuant sur le fond, prononcer la suppression
des écrits injurieux ou diffamatoires et condamner qui il
appartiendra en des dommages-intérêts. Les juges pourront aussi, dans le même cas, faire des injonctions aux
avocats et officiers ministériels, ou même les suspendre de
leurs fonctions. La durée de cette suspension ne pourra
excéder six mois; en cas de récidive, elle sera d'un an au
moins et de cinq ans au plus. — Pourront toutefois les faits
diffamatoires étrangers à la cause donner ouverture soit à
l'action publique, soit à l'action civile des parties, lorsqu'elle leur aura été réservée par les tribunaux, et, dans
tous les cas, à l'action civile des tiers (art. 23 de la loi du
17 mai 1819). »

La loi, en employant ces mots *les tribunaux* et en ne
faisant aucune distinction, a voulu comprendre toutes les
juridictions, tribunaux civils, correctionnels, de commerce,
juges de paix, cours impériales, cours d'assises, cour de
cassation, conseils de préfecture, conseils de prud'hommes.
Il faut donc décider que tous les tribunaux, institués par la
loi et ayant reçu d'elle une juridiction quelconque, ont le
pouvoir de prononcer la suppression des écrits, faire des
injonctions et condamner les parties à des dommages-intérêts. Toutefois, l'art. 23 n'est pas applicable aux tribunaux
qui n'admettent ni la publicité, ni le débat : par exemple,
à la chambre des mises en accusation. En effet, cette
chambre n'admettant pas de plaidoiries, les mémoires qui
sont produits devant elle ne peuvent pas avoir le caractère
de publicité exigé par la loi pour constituer une diffamation.

Examinons maintenant quel est le sens de l'art. 23, s'il
n'existe pas une contradiction entre ses deux parties, si,
après avoir posé la règle *Ne donneront lieu à aucune
action...*, le législateur ne l'a pas détruite immédiatement.
Cette contradiction paraîtrait résulter de ces paroles de
M. de Broglie, rapporteur de la commission de la Chambre
des pairs : « Si les écrits dont il est fait mention dans

l'art. 23 sont désignés comme ne donnant ouverture à aucune action, c'est parce que les tribunaux sont déjà saisis (1). » Ce n'est pas parce que le juge est déjà saisi que la loi dénie toute action; c'est seulement parce qu'elle a voulu que les diffamations, lorsqu'elles se réfèrent à la cause, ne pussent jamais constituer des délits ordinaires, susceptibles de poursuites et punissables d'une peine proprement dite; mais cependant, comme elle n'a pas voulu légitimer ces diffamations, lorsqu'elles se produisent méchamment, sans utilité, en dehors des besoins du procès, sans déclarer ces faits punissables, elle autorise le juge à supprimer l'écrit qui les contient, à réprimer les écarts de la défense, à prononcer des dommages-intérêts en faveur de la partie qui a éprouvé un préjudice. L'application de ces peines légères est laissée à l'appréciation du juge, qui, étant seul en position d'apprécier les convenances de l'attaque et de la défense, a un pouvoir discrétionnaire pour mesurer l'étendue de ces immunités. Remarquons toutefois que, lors même qu'il accorde des dommages-intérêts à la partie lésée, le juge n'applique pas la loi sur la diffamation.

Il faut donc tenir pour constant que les discours prononcés ou les écrits produits devant les tribunaux ne donnent lieu à aucune action en diffamation : les parties peuvent réciproquement alléguer les faits les plus graves, pourvu que ces faits rentrent dans les moyens légitimes de la cause, et aux tribunaux saisis du fond appartient exclusivement le droit de résoudre les questions que les dispositions de l'art. 23 peuvent faire naître.

Que doit-on entendre par ces mots *discours prononcés et écrits produits devant les tribunaux?* Les discours ne doivent pas s'entendre exclusivement des plaidoiries des avocats ou des parties elles-mêmes. Suivant la loi du 17 mai 1819, dans son art. 1, le mot discours est un terme

(1) Séance du 8 mai 1819.

générique, qui doit comprendre le plus simple propos.
Dans l'art. 1, le législateur a évidemment désigné par ce
mot tous les genres de propos et non des discours métho-
diques, tels qu'une plaidoirie, et il n'existe aucun motif
pour que ce mot n'ait pas dans l'art. 23 la même acception
générale. Cependant, on ne doit considérer comme discours prononcés devant les tribunaux que ceux qui ont été
proférés en présence des juges et pour la défense d'une
cause. Ainsi, des propos proférés par un plaideur contre
son adversaire dans la salle d'audience, après la décision
des juges ou pendant qu'ils délibèrent, ne doivent pas être
considérés comme rentrant dans la prévision de la loi.

Le mot *écrits* a un sens aussi général que le mot *dis-*
cours. Il doit s'appliquer à tous actes, mémoires, manus-
crits ou imprimés, dont l'objet est de satisfaire à une formalité de procédure, de justifier les conclusions des parties
ou de faciliter aux magistrats l'intelligence des affaires sur
lesquelles ils sont appelés à statuer. « Ce n'est pas seulement aux actes de la procédure, dit M. Mangin, que la loi
étend les garanties qu'elle établit ; elle couvre de sa protection les écrits produits devant les tribunaux ; et quand
le législateur s'est exprimé ainsi, il avait certainement en
vue tous les écrits que les besoins de la défense, que les
usages du barreau font éclore, et les différents modes de
production qui ont été adoptés (1). » Il n'est pas nécessaire
que l'écrit soit signé, ni qu'il soit signifié : il suffit qu'il
soit produit devant les tribunaux, que connaissance en ait
été donnée aux juges par un moyen quelconque. Mais si les
écrits produits devant les tribunaux ont été distribués soit
dans les lieux publics, soit à un nombre de personnes suffisant pour constituer la publicité prévue par l'art. 1 de la
loi du 17 mai 1819, il est évident que le privilége ne leur
profite plus et que l'auteur ne pourrait pas invoquer le
bénéfice de l'art. 23. Toutefois, on ne doit pas considérer

(1) De l'Action publique, t. 1, p. 327.

comme publication extrajudiciaire la distribution des mémoires soit aux membres des différentes chambres du tribunal ou de la cour non saisies de l'affaire, soit aux membres du barreau. L'usage autorise ces distributions, qui, faites pour ainsi dire en famille, sont un témoignage de déférence ou de confraternité, et qui, à moins de circonstances particulières laissées à l'appréciation des magistrats, ne peuvent pas être réputées faites *injuriandi causa*.

Quelque grandes que soient les libertés de la défense, le privilége de l'art. 23 ne s'étend pas cependant aux faits diffamatoires qui sont étrangers à la cause. Les discours et écrits, qui tendent à justifier les conclusions des parties, sont relatifs à la cause; ceux, au contraire, qui n'ont pas ce caractère y sont étrangers. Ainsi, si dans un procès de servitude, l'une des parties reproche à l'autre des prêts usuraires ou des actes contraires aux bonnes mœurs, il est manifeste que de tels faits, n'ayant aucun rapport avec l'objet du procès, sont étrangers à la cause; que si, au contraire, il s'agit dans le procès d'un fait d'usure qui n'est pas complétement établi, et si, dans le but de le rendre vraisemblable, on invoque d'autres faits usuraires ou un abus de confiance, de pareilles imputations ne devront pas être considérées comme étrangères à la cause. Au surplus, la question de savoir quels sont les faits, qui sont étrangers à la cause, est très délicate, car en général les imputations, dont se sert une partie pour jeter de la défaveur sur son adversaire, ont pour but de disposer les juges à rejeter ses prétentions; et il est bien difficile de poser une règle certaine. Ce que surtout on ne doit pas perdre de vue, c'est qu'une grande indulgence est due aux écarts de la défense, parce qu'ils sont presque toujours l'effet d'un entraînement, qui a sa source dans une prétention fort légitime.

Les parties ne sont pas autorisées à intenter l'action civile par cela seul que les faits sont étrangers à la cause;

il faut en outre, aux termes de l'art. 23, que cette action leur ait été expressément réservée. Si la partie ne proteste pas, si elle ne fait pas des réserves, son silence doit être considéré comme une reconnaissance du droit de l'adversaire ou comme une remise tacite de la diffamation que ce dernier a pu commettre.

Cette réserve suffit-elle et n'est-il pas nécessaire que le tribunal, en en donnant acte, déclare formellement que les faits sont étrangers à la cause? Nous pensons que cette déclaration est une condition expresse de la recevabilité de l'action, parce que la réserve ne peut être accordée que tout autant que les faits sont étrangers à la cause. Cependant, nous ne saurions admettre l'opinion de M. Mangin, qui pense qu'en réservant l'action à raison des faits étrangers à la cause, le juge doit encore les déclarer diffamatoires (1). Si une pareille déclaration était nécessaire, si le juge devait qualifier ainsi les faits, il n'y aurait plus rien à juger entre les parties, et la réserve serait complétement inutile. Au surplus, les juges ultérieurs ne sont nullement liés par l'appréciation des premiers juges, et peuvent acquitter l'inculpé en déclarant qu'il a agi dans la conviction qu'il usait légitimement du droit de la défense.

On a prétendu que la réserve, exigée par l'art. 23 pour l'exercice de l'action civile, n'était pas nécessaire pour l'exercice de l'action publique et que, lorsque la partie avait négligé de se faire réserver l'action civile, le ministère public était recevable à poursuivre d'office sur la plainte de cette partie. Une pareille opinion, si elle était admise, détruirait l'économie entière du troisième alinéa de l'art. 23. La difficulté est née de la mauvaise rédaction de cet alinéa. Mais la combinaison de ce texte avec l'art. 17 de la loi du 18 juillet 1828 et par-dessus tout les principes du droit en matière de diffamation suffisent pour juger la question. « Cette interprétation, dit M. Mangin, conduirait

(1) Loc. cit. t. 1, p. 331.

à une combinaison si absurde, qu'il est impossible de la supposer au législateur. Comment comprendre qu'il soit entré dans sa pensée d'ouvrir l'action publique indéfiniment et de soumettre à des entraves l'exercice de l'action civile, dans une matière où le ministère public ne peut poursuivre que sur la plainte de la partie offensée, parce que le délit tire toute sa gravité du dommage que cette partie a éprouvé dans son honneur, dans sa réputation. Quelque répréhensibles que soient les imputations de la nature de celles-ci, le législateur a pensé, avec raison, qu'il était possible qu'elles eussent été provoquées, que conséquemment elles pouvaient être excusables. C'est pour cela qu'il a laissé aux juges la faculté de leur ôter le caractère d'un délit (1). »

Les discours prononcés et les écrits produits devant les tribunaux, s'ils contiennent des imputations diffamatoires, peuvent encore donner lieu à l'action des tiers. Mais il faut encore faire une distinction entre les faits relatifs et les faits étrangers à la cause. Si des faits non étrangers à la cause occasionnent à des tiers un préjudice, ceux-ci ne peuvent demander que la réparation d'un quasi-délit, et non celle d'un délit, en vertu de l'art. 1382 du Code civil. La raison de cette distinction est facile à comprendre : le plaideur, qui dans l'intérêt de sa cause articule une imputation diffamatoire, ne peut pas être réputé avoir agi *infamandi animo*, mais bien *sui defendendi consilio*. Décider le contraire, ce serait gêner la liberté de la défense. placer le plaideur entre la nécessité d'émettre un moyen qui peut déterminer le gain de son procès et la crainte d'encourir une poursuite correctionnelle. Les tiers ne peuvent donc poursuivre la répression des faits diffamatoires que lorsqu'ils sont étrangers à la cause. Dans le cas contraire, comme il n'est pas juste de sacrifier aux droits de la défense le principe général de l'art. 1382, les tiers peu-

(1) Mangin, loc. cit. t. 1, p. 331. — Conf. Chassan t. 1, p. 88.

vent exercer une action purement civile en réparation du préjudice causé.

Un tiers est toute personne, qui ne figurant dans un procès ni comme partie, ni comme représentant officiel d'une partie, est juridiquement étrangère au procès et n'a pas, par conséquent, le droit d'élever immédiatement la voix pour demander justice des diffamations punissables, dont elle serait l'objet. Ainsi, les avoués, agréés, avocats, défenseurs, sont les représentants officiels des parties.

Enfin tout le monde reconnait que les tiers, étant étrangers au procès, n'ayant pas le droit d'y prendre des conclusions, et, d'ailleurs, étant le plus souvent absents, ne sont pas soumis aux mêmes règles que les parties en cause relativement à la réserve de l'action en diffamation. Dans tous les cas, dit l'art. 23, § 1, les faits diffamatoires donneront lieu à l'action civile des tiers, c'est-à-dire soit qu'elle ait été réservée, soit qu'elle ne l'ait pas été.

VII.

De la compétence.

Il existe deux sortes de compétence : 1° la compétence territoriale, qui a pour objet de déterminer le ressort dans lequel la contestation doit être portée ; 2° la compétence de juridiction, qui a pour objet de désigner le juge appelé à statuer sur cette contestation.

§ 1.

De la compétence territoriale.

Les règles de la compétence territoriale, envisagée au point de vue de l'action publique et de l'action civile, sont différentes.

Action publique. — « Dans les cas où les formalités prescrites par les lois et règlements concernant le dépôt auront été remplies, les poursuites à la requête du ministère public ne pourront être faites que devant les juges du lieu où le dépôt aura été opéré, ou de celui de la résidence du prévenu. — En cas de contravention aux dispositions ci-dessus rappelées, concernant le dépôt, les poursuites pourront être faites soit devant le juge de la résidence du prévenu, soit dans le lieu où les écrits et autres instruments de publication auront été saisis (art. 12 de la loi du 26 mai 1819). » Des termes de cet article il résulte que la compétence varie quant à l'action publique, suivant qu'il s'agit d'une diffamation commise par les voies de publication qui sont ou ne sont pas assujetties au dépôt. Ainsi, lorsque le dépôt a été effectué, les poursuites à la requête du ministère public ne peuvent être intentées que devant les juges du lieu où le dépôt a été opéré ou de celui de la résidence du prévenu. On considère le lieu du dépôt, qui est aussi celui de l'impression, comme le lieu probable de la publication, ce qui détermine naturellement la compétence. Par ce mot *résidence*, le législateur n'a entendu parler ni du domicile du prévenu, qui est sa demeure légale, ni du lieu où il a été trouvé : la résidence est la demeure de fait. Lorsque, contrairement aux prescriptions de la loi, le dépôt n'a pas eu lieu, les poursuites peuvent être exercées soit au lieu de la résidence du prévenu, soit devant le juge du lieu où les écrits auront été valablement saisis. Dans ce cas, la loi, ne trouvant plus la présomption de publication dans le lieu du dépôt, la place dans le lieu de la saisie. Du reste, la saisie peut être valablement faite dans tout autre lieu que celui de la publication : si un pamphlet, imprimé à Paris, est saisi à Toulouse, la poursuite pourra évidemment être intentée dans cette dernière ville.

Au surplus, ces règles de compétence sont relatives aux seuls cas où la formalité d'un dépôt est ordonnée par les

lois et règlements. Il faut en conclure que les dispositions
du droit commun sont applicables aux cas où cette formalité n'est pas exigée, par exemple, aux délits commis par
la parole, l'écriture, la peinture et autres moyens analogues de publication. Dans ce cas, les juges qui peuvent
être saisis de la connaissance de ces infractions sont ceux
du lieu où ces infractions ont été commises, du lieu de la
résidence de l'auteur présumé du fait, du lieu de son arrestation (art. 23, 63, 69 Instr. crim.).

Action civile. — La disposition finale de l'art. 12 accorde au plaignant une faveur, qui est une grave dérogation aux principes en matière de compétence ; elle l'autorise à « porter sa plainte devant les juges de son domicile,
lorsque la publication y aura été effectuée ; » d'où il suit
qu'elle peut également la porter à son choix dans ce lieu
ou dans celui du dépôt ou de la saisie. Pour justifier cette
dérogation, on peut dire qu'il importe à la partie lésée
que le délit soit jugé par le tribunal de son domicile,
parce que, outre que sa moralité est plus connue là qu'ailleurs, il aura, avec le témoignage de ses antécédents,
l'appui moral de ses proches et de ses amis, et parce que
ses juges naturels sont plus aptes que tous autres à juger
sa conduite. Quelque puissant que puissent paraître ces
motifs, ils ne justifient pas à nos yeux une pareille dérogation aux principes : le législateur admet *à priori* la
culpabilité du prévenu, tandis que, jusqu'à la condamnation, c'est la présomption d'innocence qui devait inspirer
le législateur comme le juge. Quoi qu'il en soit, la loi est
formelle : *Quod quidem perquam durum est, sed ita
lex scripta est.*

§ 2.

Compétence de juridiction.

D'après l'art. 14 de la loi du 26 mai 1819, les délits de
diffamation verbale contre toute personne doivent être

jugés par les tribunaux correctionnels. Cette disposition nette et précise ne distingue point entre les particuliers et les dépositaires ou agents de l'autorité. Les tribunaux correctionnels sont encore compétents pour juger les délits de diffamation commis par tout autre moyen de publication contre les particuliers. Lorsque la diffamation avait été commise à la fois par un moyen de publication autre que la parole et envers une autre personne qu'un particulier, la cour d'assises était compétente. Le décret du 17 février 1852 a placé indistinctement dans les attributions des tribunaux correctionnels tous les délits de diffamation, et il a déclaré formellement que la procédure à suivre sera celle du Code d'instruction criminelle : « Seront poursuivis devant les tribunaux de police correctionnelle les délits commis par la voie de la presse ou tout autre moyen de publication, mentionné dans l'art. 1er de la loi du 17 mai 1819, et qui avaient été attribués par les lois antérieures à la compétence des cours d'assises. — Les poursuites auront lieu dans les formes et délais prescrits par le Code d'instruction criminelle (art. 25, 26 et 27). »

D'après l'art. 5 de la loi du 25 mai 1838 sur les justices de paix, les juges de paix connaissent des actions civiles pour diffamation verbale. Dans tous les autres cas, les tribunaux civils ordinaires sont compétents.

VIII.

De la procédure.

Réquisitoire et plainte, saisie, mandats et liberté provisoire, recours en cassation, complicité, récidive, peines, cumul, circonstances atténuantes.

Réquisitoire et plainte. — « La partie publique, dans son réquisitoire, si elle poursuit d'office, ou le plaignant, dans sa plainte, seront tenus d'articuler et de qualifier les faits diffamatoires, à raison desquels la poursuite est intentée, et ce, à peine de nullité (art. 6 loi 26 mai 1819). » C'est par le réquisitoire ou la plainte que le ministère public ou la partie civile saisissent la justice de la connaissance d'un délit. La disposition, d'après laquelle l'articulation et la qualification des faits diffamatoires est exigée à peine de nullité de la poursuite, n'est que la reproduction de l'art. 183 du Code d'instruction criminelle et de la loi 7 *de Injuriis* au Digeste : *qui agit injuriarum certum dicat quid injuriæ factum sit.* Cette condition constitue une des garanties les plus importantes de la défense : s'il est nécessaire de préciser l'élément du procès, afin que le prévenu puisse connaître les griefs qui lui sont imputés, c'est surtout en matière de diffamation, où le délit consiste souvent dans un mot, quelquefois même dans des points.

L'articulation est l'énonciation nette et précise du fait qui donne lieu à la plainte : la qualification consiste dans l'ensemble des circonstances propres à imprimer à ce fait les caractères légaux d'une infraction spéciale et déterminée. Pierre, le 15 février 1869, dans une salle de spectacle, impute à Paul d'avoir, le 10 février, volé cinq cents francs à Jean. L'imputation du vol de la somme de cinq cents francs appartenant à Jean, voilà l'articulation. La qualification doit énoncer les circonstances de lieu, de temps, de publicité.

L'articulation et la qualification ne sont exigées que dans les cas de poursuite d'office à la requête du ministère public et de poursuite à la requête du plaignant ; elles ne doivent pas être contenues dans la plainte dont il est fait mention dans les art. 3, 4 et 5 de la loi du 26 mai, et qui n'est qu'une autorisation donnée par la partie au ministère public et destinée à mettre en mouvement l'action publique.

De la saisie. — « Immédiatement après avoir reçu le

réquisitoire ou la plainte, le juge d'instruction pourra ordonner la saisie des écrits, imprimés, placards, dessins, gravures, peintures, emblèmes ou autres instruments de publication (art. 7 loi 26 mai 1819). » La saisie est une mesure purement facultative, le juge d'instruction n'est pas tenu de l'ordonner. Ce n'est qu'après la remise de la plainte ou du réquisitoire qu'il peut la faire opérer, c'est-à-dire après la publication des écrits, puisque c'est dans la publication seule que consiste le délit, et qu'on ne peut poursuivre qu'après le délit.

Il doit être dressé procès-verbal de la saisie. Bien que la loi ne le dise pas, ce procès-verbal doit évidemment mentionner : 1° la date ; 2° le lieu où la saisie est opérée ; 3° les noms, prénoms, profession de la personne qui occupe les lieux ; 4° les objets saisis.

« L'ordre de saisir et le procès-verbal de ladite saisie seront notifiés dans les trois jours de ladite saisie à la personne entre les mains de laquelle la saisie aura été faite, à peine de nullité (art. 7, loi 26 mai 1819). » Il n'est nullement nécessaire que cette notification soit faite à l'auteur, à l'imprimeur ou à l'éditeur ; cet article ne parle que de la personne entre les mains de laquelle la saisie a été effectuée.

Toutes les fois qu'il ne s'agira que d'un simple délit, la péremption de la saisie entraînera celle de l'action publique (art. 11, loi 26 mai 1819).

Remarquons que le décret du 17 février 1852 abroge d'une manière implicite tout ce qui, dans les lois antérieures, est contraire à ses dispositions. Les conséquences de cette abrogation sont du reste très nettement déduites dans la circulaire ministérielle du 27 mars 1852, où il est formellement exprimé que l'art. 27 du décret du 17 février, en rétablissant quant au mode de poursuite le Code d'instruction criminelle, abroge toutes les dispositions contraires de la loi du 26 mai 1819, et notamment l'art. 6, qui soumettait les plaintes et les réquisitions à des formes au-

tres que celles tracées par le Code d'instruction criminelle,
les art. 7, 8 et 11, qui assujettissaient la saisie à des formalités exceptionnelles (1).

Des mandats et de la liberté provisoire. — Toute
personne inculpée d'un délit commis par la voie de la
presse ou par tout autre moyen de publication, contre
laquelle il aura été décerné un mandat de dépôt ou d'arrêt,
obtiendra sa mise en liberté provisoire moyennant caution. La caution à exiger de l'inculpé ne pourra être supérieure au double du maximum de l'amende prononcée par
la loi contre le délit qui lui est imputé (art. 28, loi 26 mai
1819). Cet article déroge au droit commun en ce que la
mise en liberté sous caution de toute personne, arrêtée
sous l'inculpation d'un délit commis par voie de publication, n'est pas facultative (art. 113, 114 inst. crim.), mais
qu'il suffit qu'elle soit demandée pour être obtenue. Après
le décret du 17 février 1852, on pouvait se demander si
cette faveur était maintenue : mais depuis la promulgation
de la loi du 14 juillet 1865 sur la détention préventive et
la mise en liberté provisoire, d'après laquelle la mise en
liberté est de droit au bout de cinq jours, lorsque le maximum de la peine est inférieur à deux ans, aucun doute
n'est plus possible à cet égard.

Du recours en Cassation. — Nous devons rechercher
quel est le pouvoir de la Cour de cassation en ce qui concerne la qualification du délit de diffamation. Cette qualification constitue-t-elle une question de fait, abandonnée
à l'appréciation souveraine des juges du fond, ou une question de droit, dont l'examen rentre dans les attributions
de la Cour de cassation ? Un arrêt reconnaît que Paul a
imputé méchamment à Pierre le fait d'avoir volé un cheval
à Jean, que cette imputation a été proférée dans un lieu
public et qu'elle est de nature à porter atteinte à l'honneur
de Paul, et décide néanmoins que le fait ainsi qualifié ne

(1) Circulaire ministérielle du 27 mars 1852, chap. 3, § 2.

constitue pas un délit. La Cour de cassation aura évidemment le droit d'annuler cet arrêt, parce qu'il a violé la loi qui définit la diffamation *toute imputation ou allégation d'un fait*, etc... Mais si cet arrêt décidait qu'il n'est pas suffisamment établi que cette imputation soit de nature à porter atteinte à l'honneur ou à la considération de Paul, il serait à l'abri de toute censure : la cour de Cassation n'a pas le pouvoir de rechercher si des imputations de faits, reconnus constants, sont de nature à porter atteinte à l'honneur ou à la considération des personnes. En effet, le principe de la séparation du fait et du droit existe tout aussi bien en matière criminelle qu'en matière civile. Aux juges du fond appartient l'appréciation souveraine du fait, à la Cour de cassation l'appréciation souveraine du droit. Instituée pour réprimer les violations de la loi, la Cour de cassation ne peut pas relever une erreur de fait. La décision sur le fait peut constituer un mal jugé ; mais, lorsque ce mal jugé tombe sur un fait, qui n'a pas en quelque sorte revêtu le caractère de point de droit par une définition de la loi, l'appréciation souveraine de ce fait n'appartient qu'aux juges du fond. S'il en était autrement, la Cour de cassation serait un tribunal d'appel, qui aurait dans ses attributions, outre le pouvoir d'annuler, le droit de réformer.

D'ailleurs la loi n'a dit nulle part quels sont les écrits, qui doivent être réputés diffamatoires, quelles sont les imputations, qui portent atteinte à l'honneur ou à la considération ; elle n'a défini ni l'honneur, ni la considération, ni le lieu public. Les faits résultant des discours, des écrits, sont variables à l'infini ; la moralité dépend des circonstances de lieu, de temps, de la position et de l'intention des personnes. Pour apprécier tous ces éléments, les tribunaux, n'ayant pas de loi à appliquer, ne peuvent en violer aucune. Leur décision peut constituer un mal jugé, qui est une cause d'appel mais non un motif de cassation : veiller à ce que la loi soit appliquée aux faits tels qu'ils

ont été qualifiés par les juges du fond, tel est le rôle de la
Cour de Cassation. Au surplus, si cette Cour avait le pouvoir d'apprécier la qualification des faits, sa décision ne
conduirait jamais à une violation directe de la loi, puisque nous supposons que la loi a été bien appliquée sur les
faits qualifiés. La qualification, qui émanerait de la Cour
de Cassation et qui serait substituée à celle de l'arrêt attaqué, sous prétexte qu'elle est erronée, ne serait pas plus
fondée sur la loi que celle de la Cour d'appel. L'une et l'autre étant le résultat d'un sentiment intime, nécessairement
variable selon les personnes, l'annulation de l'arrêt re-
poserait sur ce sentiment intime !

De la complicité. — Celui qui accomplit matérielle-
ment un crime ou un délit en est l'auteur principal : les
complices sont ceux qui ont provoqué à cette action, qui
ont donné les instructions pour la commettre, qui ont avec
connaissance aidé l'auteur de l'action dans les faits, qui
l'ont préparée, facilitée, consommée. En matière de délits
de la parole et de l'écriture, c'est la publication que la loi
punit ; c'est donc le publicateur qui est l'auteur principal ;
ceux qui ont préparé le délit, qui ont fourni les moyens de
le commettre, sont ses complices. Celui qui profère un discours, les vendeurs, distributeurs d'un écrit, d'un imprimé,
le gérant d'un journal, sont auteurs principaux, tandis que
le signataire de l'article, l'imprimeur, sont complices.

Quant aux imprimeurs, ce n'est qu'autant qu'ils ont agi
sciemment qu'ils peuvent être recherchés pour le simple
fait de l'impression (art. 24 de la loi du 17 mai 1819). La
preuve de la bonne ou de la mauvaise foi incombe-t-elle à
l'imprimeur ou au ministère public ? Nous pensons que
c'est au ministère public à prouver la complicité de l'imprimeur et qu'il ne doit pas se borner à prouver que l'imprimeur a eu connaissance de l'écrit sorti de ses presses,
car, s'il en était ainsi, la complicité de l'imprimeur serait
la règle et non l'exception ; il faudra en outre que le ministère public prouve, par les circonstances particulières de

11

la cause, que l'imprimeur n'a pas été un instrument passif
et qu'il a entendu prêter son concours à une diffamation.
M. Chassan, qui soutient cette opinion, fait observer que
c'est dans ce sens que la loi est entendue et appliquée par
les tribunaux, qui condamnent fort rarement les imprimeurs, quoi qu'ils soient presque toujours mis en cause (1).

De la récidive. — « En cas de récidive de crimes et délits prévus par la présente loi, il pourra y avoir lieu à l'aggravation des peines prononcées par le chapitre 4 livre 1
du Code pénal (art. 25, loi 17 mai 1819). » Une différence,
qu'il importe de signaler, existe entre le système du Code
pénal, et celui de la loi de 1819. D'après le Code pénal,
l'aggravation des peines doit nécessairement avoir lieu,
lorsqu'il y a récidive, tandis que, d'après l'art. 25, cette
aggravation est facultative: il dépend des juges de la
prononcer ou de ne pas la prononcer.

La loi de 1819 exige, pour qu'il y ait lieu à récidive en
matière de diffamation, que le prévenu ait été déjà condamné pour un crime ou pour un délit qu'elle prévoit ;
l'infraction, qui a motivé la première condamnation, doit
être de même nature que celle qui donne lieu aux nouvelles
poursuites. Lorsque la diffamation a lieu par la voie d'un
journal ou d'un écrit périodique, les amendes, dispose
l'art. 10 de la loi du 9 juin 1819, pourront être portées au
quadruple, en cas de récidive, sans préjudice des peines de
la récidive prononcées par le Code pénal.

Des peines. — « La diffamation envers les particuliers
est punie d'un emprisonnement de cinq jours à un an, et
d'une amende de 25 francs à 2,000 francs, ou de l'une de ces
deux peines seulement, selon les circonstances (art. 18,
loi du 17 mai 1819). » — « Dans tous les cas de diffamation prévus par les lois, les peines qui y sont portées
pourront, suivant la gravité des circonstances, être élevées
au double du maximum, soit pour l'emprisonnement, soit

(1) Loc. cit. t. 1, p. 138.

pour l'amende. Le coupable pourra, en outre, être interdit, en tout ou en partie, des droits mentionnés dans l'art. 42 du Code pénal, pendant un temps égal à l'emprisonnement (art. 9, loi du 9 septembre 1835). » — « Tout arrêt de condamnation contre les auteurs ou complices du délit de diffamation, commis par voie de publication, ordonnera la suppression ou la destruction des objets saisis, ou de tous ceux qui pourront l'être ultérieurement, en tout en partie, suivant qu'il y aura lieu pour l'effet de la condamnation. L'impression ou l'affiche de l'arrêt pourront être ordonnées aux frais du condamné. Ces arrêts seront rendus publics dans la même forme que les jugements portant déclaration d'absence (art. 26, loi du 26 mai 1819). »

Du cumul. — La règle fondamentale en cette matière se trouve dans l'art. 365 du Code d'instruction criminelle, aux termes duquel, en cas de conviction de plusieurs crimes ou délits, la peine la plus forte doit seule être prononcée. La loi du 9 septembre 1835 a porté une grave atteinte à ce principe, en disposant que « les peines prononcées par cette loi et par les lois précédentes sur la presse et autres moyens de publication ne se confondront point entre elles et seront toutes intégralement subies, lorsque les faits qui y donneront lieu seront postérieurs à la première poursuite (art. 12). » La loi du 9 septembre 1835 ayant été abrogée par le décret du 6 mars 1848, les délits commis par la voie de la publicité étaient sous ce rapport rentrés sous l'empire du droit commun. Mais la loi du 16 juillet 1850 a rétabli en très grande partie l'art. 12 de la loi du 9 septembre 1835 : « Les peines pécuniaires, prononcées pour crimes et délits par les lois sur la presse et autres moyens de publication, ne se confondront pas entre elles et seront toutes intégralement subies, lorsque les faits, qui y donneront lieu, seront postérieurs à la première poursuite (art. 9). »

Il résulte donc de ces divers articles que, sous la loi du 16 juillet 1850 comme sous celle du 9 septembre 1835, il

n'y a dérogation au principe général de l'art. 365 du Code
d'instruction criminelle, que lorsque les nouveaux délits
sont postérieurs à la première poursuite. Une autre conséquence à tirer de l'art. 9 de la loi du 16 juillet 1850 est
celle-ci : c'est que, si le cumul ne s'applique qu'aux peines
pécuniaires, les autres restent soumises au principe de
l'art. 365.

Circonstances atténuantes, — La loi de 1819 n'admet
pas de circonstances atténuantes en matière de diffamation, puisqu'elle ne fait aucune mention de l'art. 463 du
Code pénal. Avant la loi du 25 mars 1822 on pouvait croire
que c'était un oubli du législateur ; mais le doute ne fut
plus permis lors de la promulgation de cette loi, qui, dans
son art. 14, dispose que « dans les cas de délits correctionnels, prévus par les §§ 1, 2 et 4 de l'art. 6, par l'art. 8
et le § 1 de l'art. 9 de la présente loi, les tribunaux pourront appliquer, s'il y a lieu, l'art. 463 du Code pénal. »
Cette loi restreignait à ces divers cas l'application de
l'art. 463 : aucune innovation sur ce point ne fut apportée
lors de la révision du Code pénal, en 1832. L'art. 8 de la
loi du 11 août 1848 disposa que l'art. 463 serait applicable
aux délits de la presse, et l'art. 23 de la loi du 27 juillet
1849, que l'art. 463 serait applicable aux délits prévus par
cette loi. Enfin la loi du 18 mai 1868 a rendu l'art. 463 applicable aux crimes, délits et contraventions, commis par
la voie de la presse, sans que l'amende puisse être inférieure
à 50 francs. Faut-il en conclure que le législateur a voulu
priver du bénéfice des circonstances atténuantes les infractions commises par les autres moyens de publication, in-
diqués par l'art. 1 de la loi du 17 mai 1819 ? L'affirmative
serait évidemment conforme à la lettre des lois précitées.
Néanmoins, cette opinion ne nous paraît pas admissible.
Le législateur aurait en effet manqué de logique en accordant exclusivement le bénéfice des circonstances atténuantes aux délits de la presse, qui, de tous ceux prévus par la
loi de 1819, sont ceux qui offrent le plus de gravité et le

plus de préméditation. Comment supposer que le législateur, ayant accordé les circonstances atténuantes à ceux qui se rendent coupables d'attaques contre le respect dû aux lois et à l'inviolabilité des droits qu'elles ont consacrées (art. 3, loi d 27 juillet 1849), ait voulu exclure du bénéfice de l'art. 463 les délits de diffamation. Au surplus, les circonstances atténuantes, en matière de diffamation, sont admises généralement par les tribunaux.

POSITIONS

DROIT ROMAIN

I. Pour que le délit d'injure existe, il n'est pas nécessaire que la personne injuriée soit nommée.

II. La personne injuriée, qui a exercé l'action civile, est non recevable à intenter l'action criminelle, et réciproquement.

III. L'action *injuriarum* et l'action de la loi Aquilia peuvent être exercées cumulativement.

IV. Il est permis de repousser l'injure par l'injure.

V. La vérité de l'imputation injurieuse met à l'abri de toute peine.

VI. Les *Justæ nuptiæ* sont parfaites *solo consensu*.

ANCIEN DROIT FRANÇAIS

I. Chez les peuples d'origine germanique, la vérité de l'imputation injurieuse met à l'abri de toute peine.

II. La règle contraire *(veritas convicii non excusat)* est en vigueur dans notre ancien droit français.

III. La saisine était donnée à tous les héritiers collectivement et *in solidum*.

IV. La puissance maritale est une conséquence de la mainbournie.

CODE NAPOLÉON

I. Le refus de l'un des époux de procéder, après le mariage
civil, à la célébration du mariage religieux, ne doit pas
être considéré comme une injure grave de nature à motiver une demande en séparation de corps (1).

II. L'étranger, divorcé dans les formes et selon les lois de
son pays, est capable de contracter un nouveau mariage
en France.

III. La saisine est donnée à tous les héritiers collectivement et *in solidum*.

IV. La déchéance, prononcée par l'art. 8 de la loi du
23 mars 1855 contre la veuve et ses héritiers, ne s'applique pas aux héritiers mineurs de la femme, qui décède
avant son mari.

PROCÉDURE CIVILE

I. Dans le cas où une cour impériale délègue pour une enquête un juge d'un tribunal, les avoués près la cour impériale doivent seuls représenter les parties auprès du
juge, chargé de l'enquête.

II. Le procès-verbal d'enquête doit, à peine de nullité, ex-
primer que les noms et prénoms des témoins ont été
énoncés sur leur déclaration.

III. Le président du tribunal, auquel est demandée la per-

(1) La séparation de corps n'est nullement nécessaire : l'Église catholi-
que, dans le but de calmer la conscience de l'époux, qui voudrait faire
bénir son union, accorde des facilités extrêmes pour la réhabilitation
religieuse du mariage. L'époux, aux yeux duquel la cohabitation sans
mariage religieux n'est qu'un concubinage, peut sortir de cette situation,
sans recourir à la séparation de corps : il lui suffit de demander une
dispense *in radice*. (Monseigneur Gousset, Théologie morale, tome 2,
nos 873, 880, — et Monseigneur Bouvier, Institutiones Theologicæ, t. 4,
de Matrimonio, cap. 9, art. 4 et 5.

mission de pratiquer une saisie-arrêt, n'excède point son droit en n'accordant cette permission qu'à la charge de lui en référer en cas de difficultés.

IV. En matière de vérification d'écritures, si les parties ne s'accordent pas sur les pièces de comparaison, ce n'est pas le juge commissaire, mais le tribunal, qui doit vider le débat.

DROIT COMMERCIAL.

I. Le consentement du mari ne suffit pas pour autoriser sa femme mineure à faire le commerce ; il faut, en outre, que la femme ait l'autorisation de ses parents, conformément à l'art. 2 du Code de commerce.

II. La femme, autorisée à faire le commerce, ne peut pas, sans autorisation nouvelle, contracter une société de commerce avec un tiers.

III. Dans le cas de concordat, le successible failli ne doit le rapport à ses cohéritiers que dans la mesure fixée par ses créanciers.

DROIT CRIMINEL.

I. L'imputation d'avoir reçu un soufflet ne constitue pas une diffamation.

II. L'étude d'un avoué, d'un notaire, n'est pas un lieu public.

III. Un témoin est un tiers dans le sens de la loi du 17 mai 1819 : par conséquent il a le droit, sans réserve préalable, de poursuivre la répression des faits diffamatoires étrangers à la cause.

IV. Un tiers peut intervenir dans un procès pour demander la suppression d'un écrit, contenant des imputations de nature à porter atteinte à son honneur ou à sa considération.

V. La Cour d'Assises est compétente pour déterminer dans s

quelles conditions l'extradé peut et doit être mis en jugement.

VI. Dans l'hypothèse prévue par la loi du 26 juin 1866 pour les crimes et délits commis à l'étranger, le jugement de condamnation, prononcé par un tribunal étranger contre un français, ne peut pas servir de premier terme de récidive pour un crime ou délit commis en France postérieurement à cette condamnation. — Il n'a pas en France l'autorité de la chose jugée. — Il n'entraîne pas les incapacités portées par les articles 31 du Code pénal et 283 du Code de procédure.

DROIT ADMINISTRATIF

I. Les lits de rivières non navigables ni flottables sont des choses communes, qui n'appartiennent à personne.

II. Un conseil municipal ne peut pas autoriser le secrétaire de la mairie à assister à ses séances.

III Le préfet ne peut pas, comme président du conseil de préfecture, prendre part au jugement d'une affaire contentieuse qui intéresse le département.

Cette Thèse sera soutenue en séance publique, dans une des salles de la Faculté de Droit de Toulouse, le vendredi 19 mars 1869, à 3 heures et demie du soir.

———————

Vu par le Président de la Thèse,

VICTOR MOLINIER.

Vu par le Doyen,

DUFOUR.

Vu et permis d'imprimer :

Le Recteur,

ROUSTAN.

———————

« Les visa exigés par les règlements sont une garantie des principes et
» des opinions relatifs à la religion , à l'ordre public et aux bonnes mœurs
» (Statut du 9 avril 1825, article 41), mais non des opinions purement
» juridiques, dont la responsabilité est laissée aux candidats.

TABLE DES MATIÈRES

Toulouse, imprimerie Cail'ol et Baylac, rue de la Pomme, 34.

www.ingramcontent.com/pod-product-compliance
Lightning Source LLC
Chambersburg PA
CBHW050108210326
41519CB00015BA/3867